BIG BIRD BOOKS

TAMBIÉN POR CHRISTIAN VALENTÍN

El Pensamiento de un Homo Sapiens: ¿Creer o Conocer?

*En Busca de Sentido Ante el Huracán María: Cómo Nuestros
Pensamientos y Actitudes Afectan Nuestro Ambiente*

*InfoZombie: El Exceso de Información y Su Influencia en la
Concentración*

*La Educación Obsoleta: Revoluciones de Papel: Ideologías Educativas Que Sólo
Han Revolucionado el Intelecto*

*La Muerte de la Educación: Memento Mori: Conversaciones Sobre La Vida,
Educación y Muerte*

*FakeInfo: La ilusión del Conocimiento en el Siglo XXI: ¿Por qué Compartimos
Información Falsa en la Internet?*

La Generación del Atajo: La Búsqueda de la Tranquilidad en un Mundo Ruidoso

Contagious Choices: Why Humans Decide With Their Noisy Emotions

Muertecracia: El Derecho de Aceptar la Mortalidad de la Conciencia

*La Educación Bajo el Espíritu Capitalista: Breve historia sobre la separación de
clases sociales mediante el sistema educativo*

LA CULTURA DEL CAOS MEDIÁTICO

UNA FILOSOFÍA EDUCATIVA PARA UNA CULTURA DISTRAÍDA

DR. CHRISTIAN VALENTÍN

An Imprint of BigBird Books Publishers

LA CULTURA DEL CAOS MEDIÁTICO

UNA FILOSOFÍA EDUCATIVA PARA UNA CULTURA DISTRAÍDA

DR. CHRISTIAN VALENTÍN

Puerto Rico   United States   Spain   United Kingdom

BigBird Books Publishing

Para más información: bigbirdbooks@hotmail.com
ISBN: 9798320392998

BigBird Books Publishing
Mayagüez, Puerto Rico
00682
Copyright © 2024
All rights reserved.

Título original: La Cultura del Caos Mediático
Diseño de cubierta: *BigBird Books Designs*
Editado por Tiffany Flores, M. A. TESL
Primera impresión: Junio 2024
Todas las citas directas del inglés fueron traducidas por el
autor.
Impreso en los Estados Unidos de América
10 9 8 7 6 5 4 3 2 1

"Aproximadamente la mitad de la población mundial posee un teléfono inteligente, pero debemos considerar seriamente si los usuarios tienen la capacidad de decidir e interpretar *críticamente* el contenido que consumen por medio de esta tecnología."

-Christian Valentín

"Lo que parece importante [en la cultura del caos mediático] no es la verdad, sino lo que es *creíble*. En este nuevo mundo [de posverdad], el arte consiste en hacer que las cosas *parezcan* verdaderas. No es el arte del descubrimiento, sino el de la ficción. Encontrar un hecho es fácil; hacer que un hecho "sea comprendido" es algo más difícil."

-Daniel J. Boorstin[1]

---

[1] (Boorstin, 2012, p. 212)

TABLA DE CONTENIDO

Palabras preliminares   1

PARTE I

Capítulo 1   La muerte del monopolio   9
             informático
Capítulo 2   El éxito inalcanzable   19
Capítulo 3   Expectativas extravagantes   29
Capítulo 4   Cómo la industria de la felicidad   37
             controla nuestras vidas
Capítulo 5   Positivismo tóxico   45
Capítulo 6   El engreimiento de la mente   55
Capítulo 7   El efecto secundario   63
             de las tecnologías
Capítulo 8   Paralizados por la información: El   71
             opio del pueblo
Capítulo 9   La finalidad de la educación   87
Capítulo 10 Escolarización vs. Educación   95
Capítulo 11 Divirtiéndonos hasta la muerte   105
Conclusión   La educación y el hogar   113
Epílogo   Crea tu filosofía educativa   119

PARTE II

Currículo Centrado en la   133
alfabetización mediática
Mapa del diseño curricular   142

Prontuario   144

Agradecimientos   151

Sobre el autor   154

Extracto de libro   155

Referencias   167

Índice   181

Índice de autores   182

PALABRAS PRELIMINARES

Es seguro afirmar que el mundo nunca ha experimentado cambios tan acelerados como los que tienen lugar en el siglo XXI, y el sistema educativo puertorriqueño, a todos sus niveles, en el sector público y privado, atraviesa por un proceso histórico de *cuestionamiento* y *renovación.*[2] Por tanto, como sociedad, es imperativo contar con una filosofía educativa que oriente a los individuos a enfrentar las demandas sociales y tecnológicas que caracterizan a la sociedad de la información. Los enunciados de este libro están fundamentados y estructurados para ser pragmáticos, tanto como filosofía educativa como filosofía existencial-personal. Al afirmar que se trata de una filosofía personal-existencial, me refiero a un conjunto de conocimientos y planteamientos diseñados para guiar al individuo en la toma de decisiones autónomas. En el contexto de este libro, el objetivo primordial de una filosofía existencial-personal radica en la búsqueda de

---

[2] (Villarini, 1996, p. 8)

la autenticidad del pensamiento, y en vivir en coherencia con los parámetros *deliberadamente* establecidos por el individuo, en lugar de regirse por las presiones sociales y/o culturales.

No obstante, esto no sugiere que lo presentado en este libro deba ser percibido como un argumento "final" y/o "absoluto", sino más bien como un punto de partida para que el individuo tome conciencia de las tendencias sociales que suelen predominar en la cultura del caos mediático. En otras palabras, el contenido está diseñado para ser práctico, cumpliendo la función tanto de un modelo curricular como de una filosofía personal-existencial. En resumen, la principal motivación para la creación de una filosofía existencial-educativa surge de la experiencia personal.

Después de completar un doctorado en educación, he llegado a la conclusión de que el discurso curricular se ha enfocado en cuestiones que pasan por alto la esencia misma de la educación (tema que se aborda detalladamente en el Capítulo 9: "La Finalidad de la Educación"). Después de ocho años de investigación sobre el sistema educativo y los fundamentos de la educación, sostengo la postura de que depender *exclusivamente* del sistema educativo, como la principal vía para educar y formar a personas con capacidades críticas, es una expectativa social ilusoria.

Por tanto, este libro se presenta como una herramienta para el desarrollo individual y el respaldo de instituciones académicas. Firmemente creo en la necesidad de tanto la educación *informal* (aquella que se adquiere de manera individual, al margen de las exigencias del sistema educativo) como de la educación *formal* (aquella proporcionada por instituciones académicas para obtener credenciales académicos). En otras palabras, para cultivar individuos integrales en el siglo XXI, es esencial recurrir a ambas corrientes educativas.

En décadas pasadas, la adquisición de conocimientos a través de la educación formal bastaba para ser agentes funcionales tanto en el ámbito social como laboral. Sin embargo, en las sociedades industrializadas de Occidente, se refleja una propensión hacia la propagación de una cultura inestable, caracterizada por el cambio constante. Las tradiciones del pasado parecen no ser plenamente compatibles con las tendencias difundidas por la cultura contemporánea, la cual se encuentra mayormente influenciada por el entretenimiento y la avaricia (tal como exploraremos a lo largo del libro).

A pesar de los beneficios generados por las nuevas tecnologías de comunicación, un conjunto de fuerzas sin precedentes parece estar reconfigurando la sociedad y la cultura. Estos cambios han transformado simultáneamente el sistema educativo tradicional en una institución obsoleta frente a las demandas sociales contemporáneas. Por tanto, los conocimientos y valores que solían otorgar significado a nuestras vidas no han evolucionado al mismo ritmo que las innovaciones tecnológicas y los problemas sociales subsiguientes provocados por dichos avances.[3]

Basándome en lo anteriormente expuesto, a través de esta filosofía educativa-existencial, busco concientizar acerca de cómo las innovaciones tecnológicas están intrínsecamente vinculadas a los cambios sociales y culturales. Por otro lado, las capacidades cognitivas necesarias para enfrentar estas transiciones no han evolucionado al mismo ritmo. En otras palabras, las soluciones que en el pasado fueron efectivas para abordar diversos problemas ahora parecen menos eficaces ante los enormes desafíos de la cultura del caos mediático. Siguiendo esta línea de pensamiento, Alvin Toffler señaló que, "incluso, muchas personas que comprenden intelectualmente que el cambio se está acelerando, no han internalizado ese conocimiento ni toman en consideración esta realidad social al planificar su propia vida".[4]

Como individuos, es crucial que nos percatemos de que el mundo ya no sigue los mandatos predecibles y lineales que, en muchas circunstancias, regían la sociedad del siglo XX. Por el contrario, la vida está repleta de caos y complejidades, períodos de desorden indefinido. Es por ello que, sin una filosofía educativa-existencial, nos arriesgamos a seguir promoviendo una educación obsoleta y parcial. La filosofía

---

[3] Esto se conoce como *Cultural Lag*. Véase *Social Change With Respect to Culture and Original Nature*, de William Fielding Ogburn.

[4] (Toffler, 1970, p. 21)

educativa-existencial presentada en este trabajo se encuentra fundamentada y respaldada por investigaciones que han examinado los efectos secundarios de las tecnologías de comunicación en el proceso de aprendizaje, abordando el deterioro del lapso de atención, la memoria y la salud mental. En términos generales, esta filosofía se enfoca en dos aspectos fundamentales.

La primera parte del libro consta de 11 capítulos. Estos tienen como objetivo concientizar al lector sobre las presiones sociales que han surgido a través de los medios de comunicación (Capítulos 1-3), y su intersección con la salud mental (Capítulos 4-6). También se abordan los desafíos planteados por las nuevas tecnologías y su posible impacto en la cultura (Capítulos 7-8) y en la educación (Capítulos 9-11).

La segunda parte se organiza en un currículo académico centrado en la Alfabetización Mediática, con el objetivo de asistir a los estudiantes en el desarrollo de una comprensión informada y crítica de la naturaleza de los medios de comunicación, las técnicas que emplean y su impacto en la sociedad. El currículo académico se basa y se sustenta en los 11 capítulos que forman este trabajo. Por tanto, este libro se presenta como un componente esencial en la implementación e integración de dicho currículo.

No obstante, el mismo puede servir como una guía personal para desarrollar una filosofía educativa-existencial, o como un modelo curricular para asistir a las instituciones educativas a fortalecer las habilidades críticas de los estudiantes frente al tsunami de información esparcido por medio de las tecnologías de comunicación.

En resumen, esta investigación examina y analiza cómo las innovaciones tecnológicas han invadido en nuestra vida cotidiana, alterando nuestro comportamiento y, hasta cierto punto, nuestra calidad de vida.

Por medio de este libro, invito al lector a explorar y deconstruir la cultura en la que vivimos: la *Cultura del Caos Mediático*.

PARTE I

CAPÍTULO 1

LA MUERTE DEL MONOPOLIO INFORMÁTICO

Es difícil imaginar un diario vivir en donde prácticamente no exista la información instantánea. Un mundo en donde la información se transmita, exclusivamente, a través del diálogo oral. Y aunque parece una visión ficticia, esta era la realidad social previo al siglo XV. Antes de esa época, la forma más común de difundir información era mediante la laboriosa tarea de copiar libros a mano. Solamente ciertas personas tenían el derecho o la autorización para transcribir un texto (de ahí surge el término *Copy Right*, "derechos a copiar"). En aquel entonces, "el derecho a copiar", ahora conocido como derechos de autor, se refería a la autorización que una persona obtenía para transcribir una obra existente, palabra por palabra. En consecuencia, el proceso era sumamente lento y laborioso. Antes del año 1400, Europa generaba alrededor de 1,000 libros al año.[5] Esto implica que se necesitaría aproximadamente un siglo completo para construir una biblioteca con 100,000 libros.[6] Todo cambió con la invención de la imprenta en 1440, por Johannes Gutenberg. Esta innovación proporcionó una accesibilidad considerablemente mayor a la información para el público en general. Mientras antes se producían alrededor de 1,000 libros al año, todos copiados a mano, tras sólo 50 años desde la invención de la imprenta, la cantidad de libros disponibles aumentó a más de 9,000,000.

A medida que la imprenta experimentaba un auge, se difundían libros que respaldaban y justificaban las creencias, ideologías y tradiciones que habían sido la base, y en cierta medida, el sustento del orden social. Sin embargo, simultáneamente, también comenzaron a circular publicaciones que contenían ideas consideradas pecaminosas, impulsando así una explosión literaria. "La invención de la imprenta provocó cambios catastróficos en Europa: conflictos religiosos, expansión de los juicios por brujería y luchas civiles

---

[5] (Toffler, 1970, p. 30).

[6] Para una mejor perspectiva sobre el tsunami de información contemporáneo, hoy día se publican 400,000 libros diarios mundialmente (Tagari, 2022).

revolucionarias".[7] Por tal razón, fue de vital importancia crear una institución social para así filtrar, regular y *legitimar* la información. Esta institución se le otorgó el nombre de la *Escuela Común*. Para una mayor perspectiva, antes de la imprenta, en Inglaterra, existían alrededor de 34 escuelas. Luego[8] del surgimiento de la imprenta, habían 444 escuelas en Inglaterra.[9]

Expone Neil Postman, que "hubo varias razones para el rápido crecimiento de la escuela común, pero ninguna era más obvia que el hecho de que era una respuesta necesaria a las ansiedades y la confusión despertadas por la información suelta".[10] Históricamente, la información ha sido un elemento que ha generado dilemas sociales. Un ejemplo destacado es el caso de Copérnico, quien retrasó la publicación de su obra científica *On the Revolutions of the Heavenly Spheres* por 30 años. En su época, la hipótesis de que la Tierra se movía alrededor del Sol, en lugar de lo contrario, chocaba con las doctrinas religiosas predominantes.

En virtud de lo anteriormente expuesto, al examinar detenidamente los inicios de la escuela moderna, nos damos cuenta de que esta institución social no era más que un

---

[7] (Lukianoff y Scholtt, 2023. p. 6)

[8] Alrededor de 120 años después.

[9] (Postman, 1993, p. 52)

[10] (*Ibid.*, p. 62)

mecanismo de poder y control destinado a regular y legitimar la información disponible. Por alrededor de 400 años, los educadores y las escuelas desempeñaron un papel crucial en el control y la validación de la información a través del currículo académico. Sin embargo, en la actualidad, los educadores han sido testigos de la desaparición de lo que solía ser el monopolio del conocimiento.

Con el surgimiento del Internet, ya no son la escuela ni el Estado los que dictan qué información es relevante para el individuo; ahora es el propio ciudadano quien decide qué información desea consumir y priorizar. Si alguien sostiene la creencia de que la Tierra es plana[11] o que la humanidad fue creada por seres extraterrestres,[12] puede encontrar comunidades, portales cibernéticos e incluso asociaciones que respalden tales puntos de vista. Aunque la aceptación de estas perspectivas no es exclusiva del siglo XXI, los avances en las tecnologías de la información han ampliado significativamente la difusión de estas creencias.

LA CULTURA DEL CAOS MEDIÁTICO

En el libro titulado *Technopoly*, de Neil Postman, se describen las repercusiones sociales de cuando las instituciones sociales, como la religión y el sistema educativo, pierden el control de

---

[11] Véase *Flat Earth Society*.

[12] Véase *International Raëlian Movement*.

regular y legitimar la información disponible. Aunque dicho escrito fue publicado en el 1993, hace resonancia con los problemas sociales que experimenta el sistema educativo contemporáneo de Puerto Rico.

Según Postman "la razón por la que muchos niños no pueden aprender a leer, o no quieren aprender, o no pueden organizar su pensamiento en una estructura lógica, ni prestar atención en el salón de clase por más de unos minutos, no es porque sean estúpidos o no tengan la capacidad de hacerlo, la razón es porque viven en una guerra mediática".[13] En otras palabras, vivimos en la cultura de caos mediático, donde aparentemente no nos preocupa tener cierto control sobre la información que consumimos a diario.

Según el autor citado, comúnmente, los seres humanos no suelen contar con la disposición intelectual necesaria para dar sentido a su propia existencia sin recurrir a un sistema social, como la religión o la educación tradicional, que regule la información disponible y, al mismo tiempo, otorgue significado a dicha información. Dicho de otro modo, los sistemas sociales no solo regulan la información disponible, sino que también confieren significado a esa información, brindando a las personas un marco interpretativo para entender su vida y el mundo que les rodea.

---

[13] (Postman, 1993, pp. 16-17)

Postman argumenta que en una sociedad sin un sistema de regulación de información, "no existe un sentido trascendente de propósito o significado, ni coherencia cultural. La información es peligrosa cuando no tiene a dónde ir, cuando no hay una teoría a la que se aplique, cuando no hay un propósito superior al que sirva".[14]

Por ende, la escuela surgió como respuesta a la invención de la imprenta, una tecnología revolucionaria que transformó la sociedad y la cultura. Al ser un producto de esta innovación tecnológica, la escuela estableció ciertas habilidades como fundamentales para lograr convertirnos en individuos socialmente funcionales frente a esta nueva tecnología. Entre estas destrezas se encontraban la capacidad de memorizar, la lectura crítica y la habilidad para sintetizar información con el fin de generar nuevos conocimientos. Pues, eso es lo que exigía este nuevo artefacto llamado el libro. Por consiguiente, quien demostraba estas habilidades era considerado una persona inteligente, ya que era diestro ante esta nueva tecnología.

No obstante, las habilidades necesarias para ser considerado socialmente como una persona inteligente no son estáticas ni permanentes a lo largo del tiempo. Con la aparición de nuevas tecnologías, también surgen nuevas expectativas sobre las destrezas que requieren dichas tecnologías. Es decir, el currículo tradicional tiende a dirigirse

---

[14] (*Ibid*, p. 63)

a las necesidades e intereses del mercado. Por ejemplo, si las máquinas de escribir son lo que demanda el mercado, entonces es necesario entrenar a la sociedad en la mecanografía. En consecuencia, aquellos que dominen la mecanografía serán considerados "inteligentes", ya que es la habilidad innovadora que el mercado requiere. En otras palabras, el concepto de inteligencia y las habilidades valoradas en la sociedad pueden evolucionar con el tiempo, especialmente en respuesta a los avances tecnológicos, requiriendo que las personas adquieran nuevas destrezas para mantenerse adaptadas a las innovaciones emergentes.

Por esta razón, no hay motivos para suponer que el sistema educativo siempre dará prioridad a las habilidades que fueron significativas durante la explosión literaria, tales como la memorización, la lectura crítica y la síntesis. "Con el tiempo, el tipo de estudiante que actualmente es un fracaso," menciona Neil Postman, "el que no le interesa memorizar, comprender lo que lee, podría ser considerado un éxito en el futuro".[15]

Aún en la actualidad, las tecnologías innovadoras siguen definiendo y determinando lo que se considera esencial en la economía y la sociedad mediática. Si un lapso de atención de 10 segundos es lo que determina que una persona sea "eficiente" en el manejo de dicha tecnología, entonces aquel que no pueda concentrarse en una sola tarea, y prefiera hacer

---

[15] (*Ibid.*, p. 17)

varias tareas simultáneamente, será percibido como "inteligente", o como una persona "eficiente o productiva". Cal Newport señala que, en la actualidad, cometemos el error de pensar que para realizar un trabajo de buena calidad, es necesario estar ocupados todo el tiempo, respondiendo a los correos electrónicos cada vez más rápido y asistiendo a todas las reuniones posibles.[16]

En la actualidad, si un fotógrafo o músico no comparte su trabajo a través de las redes sociales, se le considera un artista fantasma o inexistente, ya que su identidad depende de su exposición virtual. Todo lo que ocurre fuera de las redes sociales parece carecer de existencia. De igual manera, aquel que atrae a la mayor cantidad de personas mediante las redes sociales se considera "exitoso o innovador", sin importar el contenido que difunda.

Si un niño aprende a usar un teléfono inteligente, se le ve como un niño potencialmente "inteligente". De igual manera, un joven que pueda encontrar o producir información de manera inmediata, ya sea a través de Google o ChatGPT, es considerado "inteligente", aunque no comprenda la información que encuentre o genere. Lo que lo hace "inteligente", según la cultura mediática, es dominar la tecnología del momento.

---

[16] Véase: *Slow productivity: The lost art of accomplishment without burnout* (Newport, 2024, p. 7).

La tesis principal de Neil Postman, es que toda tecnología cambia—*inconscientemente*—nuestra forma de pensar y de concebir la realidad. Desde mi perspectiva, esto explica en parte por qué cada vez es más evidente que las instituciones académicas permiten que los estudiantes avancen de grado, incluso cuando no poseen las habilidades que tradicionalmente se consideraban fundamentales. La concepción de lo que implica ser una persona inteligente, educada o funcional parece haber evolucionado de manera no intencional.

Cuando la imprenta era la tecnología del momento, la educación demandaba las destrezas necesarias para aprovechar esta innovación. Del mismo modo, con la llegada del Internet como una tecnología accesible para las masas, surgieron destrezas específicas, pero radicalmente diferentes a las que demandaba el libro. Por tanto, si un niño no aprende a leer pero domina a la perfección un teléfono inteligente, no hay razón para otorgarle una calificación por debajo de una A+, ya que, dentro de los esquemas de la cultura mediática, se presume que debe ser "inteligente". Dicho de otro modo, los estándares bajo la vieja escuela no son equivalentes a aquellos que conlleva a la cultura del caos mediático.

Por dicha razón, es irrelevante debatir si se debe o no usar la tecnología en el salón de clases. "Lo que hay que tener en cuenta sobre el Internet o la computadora no tiene nada que ver con su eficacia como herramienta de enseñanza.

Necesitamos saber de qué manera [estas tecnologías], están alterando nuestra concepción del aprendizaje".[17]

Incluso, los estándares educativos no son lo único que ha sido afectado por las influencias de la cultura del caos mediático. Hoy día, vemos instituciones académicas que demandan a los educadores a decorar periódicamente las puertas de sus salones según las estaciones del año y los días festivos, como parte de un certamen. Incluso, en conmemoración al aniversario de una escuela en Puerto Rico, la administración exigió a los docentes cantarle feliz cumpleaños a la propia estructura física del plantel escolar. Además, si los docentes no planifican clases divertidas, que involucren el uso de videos, audios y juegos, a menudo son cuestionados por utilizar métodos de enseñanza que no están alineados con la "era del conocimiento".

Por tanto, el dilema sobre el uso de la tecnología en el siglo XXI no radica en el debate sobre si el sistema educativo debe o no "adaptarse" a las tendencias modernas, sino en comprender cómo el Internet y la cultura del caos mediático han transformado la concepción o noción de lo que implica o significa ser una persona educada.

Este libro es un esfuerzo de comenzar a distinguir la diferencia entre educación e ineptitud.

---

[17] (Postman, 1993, p. 19)

CAPÍTULO 2

EL ÉXITO INALCANZABLE

Se estima que el origen de la humanidad se desarrolló en el Gran Valle del Rift, en África.[18] A esta región se le conoce como "la cuna de la humanidad". Durante miles de años, la vida cotidiana del *Homo sapiens* consistía principalmente en la recolección de alimentos, la prevención de la muerte y la propagación de sus genes a través de la reproducción sexual. Por tanto, la capacidad de ajustar la temperatura de una habitación y de comer cuando el apetito lo dicta son, literalmente, comodidades modernas. Por eso, según la psicología evolutiva, la inclinación humana a buscar constantemente posesiones materiales y a aspirar a ascender

---

[18] "El *Homo sapiens*, apareció por primera vez en África entre hace 150,000 y 200,000 años atrás. En Israel y sus alrededores hace 100,000 años, y en Europa unos 60,000 años" (Hamer, 2004, p. 202).

en el ámbito laboral para aumentar el salario es simplemente una reminiscencia de las condiciones que enfrentaron nuestros ancestros en el pasado. El cerebro del ser humano se desarrolló en un ambiente hostil y técnicamente opuesto a la realidad de los países industralizados modernos. "Tras pasar cientos de miles de años cazando y buscando comida en la naturaleza," menciona James Clear, en el libro *Atomic Habits*, "el cerebro humano ha evolucionado para dar un gran valor a la sal, el azúcar y las grasas. Estos alimentos eran escasos cuando nuestros antepasados vagaban por la sabana africana".[19] Por tanto, era incierto si al día siguiente se tendrían los recursos necesarios para satisfacer las necesidades biológicas básicas y subsistir.

Por esa razón, cada vez que nuestros ancestros lograban cazar con éxito un animal o encontraban arbustos llenos de frutas dulces, comer tanto como fuera posible era una excelente estrategia de supervivencia. Esta fue la realidad de nuestros antepasados durante miles de años. En la actualidad, la vida cotidiana en los países industrializados del siglo XXI no se fundamenta en la caza de animales y el acceso a recursos escasos en el medio natural se ha convertido en comodidad. Sin embargo, nuestro cerebro está "alambrado" como si todavía viviéramos en un entorno primitivo. En la actualidad, cada vez que ingerimos alimentos, sentimos el imperativo

---

[19] (Clear, 2018, p. 102)

biológico de consumir tanto como podamos, como si la incertidumbre alimentaria aún dominara nuestras vidas.

Sin embargo, lo que es vital para la supervivencia, como ingerir alimentos, se ha convertido en una amenaza para la salud en las sociedades industrializadas. La conveniencia de tener acceso a un frasco lleno de azúcar o sal en cada mesa de un restaurante es una comodidad moderna e imposible de concebir hace miles de años. Sin embargo, es una comodidad nociva que se relaciona con alrededor de 600,000 muertes anuales en los Estados Unidos. Las enfermedades cardiovasculares son la principal causa de muerte en hombres, mujeres y personas de la mayoría de los grupos raciales y étnicos en Estados Unidos. Cada 33 segundos, una persona fallece en Estados Unidos a causa de una enfermedad cardiovascular.[20]

Bajo la psicología evolutiva, esto se conoce como la hipótesis del desajuste evolutivo. Esta hipótesis sostiene que las diferencias entre el entorno en el que evolucionó el ser humano y el entorno actual pueden causar enfermedades. En otras palabras, los seres humanos no siempre reconocemos que nuestro cerebro sigue operando según los parámetros ambientales en los que vivieron nuestros ancestros, lo que resulta en más de medio millón de muertes al año en los Estados Unidos relacionadas con la obesidad y la mala

---

[20] (Centers for Disease Control and Prevention, 2023, párr 1)

alimentación. En otras palabras, la satisfacción que experimentamos hoy al recibir un aumento salarial es equiparable a la que sentían nuestros ancestros al capturar una presa. Y no hay duda de que sentirnos exitosos es una característica deseable para la mayoría de los seres humanos.

Sin embargo, para comprender por qué sentirse exitoso es a menudo una experiencia placentera, vale la pena examinar dicha experiencia desde un punto de vista evolutivo. El sentimiento que asociamos con el éxito fue de gran beneficio en un nivel primitivo, ya que era una señal de haber retrasado nuestra propia mortalidad.[21] Cada vez que nuestros ancestros cazaban un animal, el cerebro producía una respuesta de recompensa mediante el neurotransmisor dopamina.

Si el cerebro humano no hubiera desarrollado la capacidad de producir un químico que nos hiciera sentir "exitosos", entonces no habríamos tenido la motivación ni el deseo de arriesgar nuestras vidas para cazar animales y, eventualmente, para obtener alimentos. Cuando interpretamos estas experiencias en el contexto de la vida moderna, podemos entender, en cierto modo, por qué incluso cuando logramos lo que deseamos, con el tiempo, seguimos esforzándonos por alcanzar nuevas metas. El cerebro se desarrolló para desear continuamente, y el deseo es lo que nos mantuvo vivos.

---

[21] (Brooks, 2022)

El deseo continuo fue lo que nos permitió, en cierto modo, sobrevivir en un entorno con acceso limitado a los recursos. Sin embargo, hoy en día seguimos deseando y consumiendo calorías como si viviéramos en un entorno donde los recursos fueran escasos.

ÉXITO INSUFICIENTE

La definición del éxito ha evolucionado a lo largo del tiempo. Para el ser humano primitivo, el éxito literalmente implicaba evitar la muerte y propagar sus genes. Hoy en día, el éxito es una característica principalmente individual y relativa según los aspectos particulares de una cultura.

En las sociedades industrializadas, el éxito se ha vinculado explícitamente con el espíritu del sistema económico capitalista. Este sistema promueve la expectativa social errónea de que ser una persona exitosa implica la capacidad de un individuo para generar capital. Mientras mayores sean los ingresos en relación con el promedio de la población, mayor será percibido su éxito y por ende, su satisfacción personal.

MITO #1:
SATISFACCIÓN = MAYOR INGRESO ECONÓMICO

Pero hoy en día sabemos que esta expectativa social, que se ha convertido en una ideología, no es más que una ilusión temporal. El ingreso mantiene una correlación positiva con el nivel de satisfacción[22] de una persona *hasta cierto punto.* Sin embargo, una vez que se alcanza cierto umbral, la satisfacción individual no aumenta más allá de sus ingresos.[23] Por esa razón, es probable que una persona que gana $400,000 al año no muestre una diferencia significativa en satisfacción personal en comparación con alguien que gana $100,000 anuales. Sin embargo, es muy probable que se reflejen diferencias significativas en satisfacción personal entre aquellos que ganan $30,000 al año y los que ganan $60,000 anuales. En las sociedades industrializadas, el dinero es sin duda un medio necesario para satisfacer ciertas necesidades biológicas. Pero una vez que una persona satisface esas necesidades vitales, comienza a aspirar a *necesidades creadas.* "Las necesidades creadas son los deseos de consumir bienes o servicios que no satisfacen necesidades primarias. Cabe destacar que las empresas crean necesidades cuando buscan influir al consumidor a adquirir mercancías *que realmente no necesitan*".[24]

Por tanto, es relevante reconocer la distinción entre necesidades vitales (como tres comidas diarias, alojamiento y seguridad médica) y necesidades creadas (como diez pares de zapatos, un sillón reclinable valorado en $8,000 o un abridor

---

[22] En la literatura sobre la felicidad, se utiliza la variable "satisfacción" como variable para medir la felicidad.

[23] (Haidt, 2006; Gilbert, 2006)

[24] (Ivette, 2020, párr. 1)

de vino eléctrico). Pero lo que rara vez reconocemos es que, "cuando recibimos un choque emocional—ya sea bueno o malo—, nuestro cerebro eventualmente se reequilibra, por lo que es difícil permanecer en un estado feliz o triste durante mucho tiempo".[25] Cuando adquieres una posesión (por ejemplo, el sillón reclinable valorado en \$8,000), la satisfacción que produce esta nueva adquisición no permanece por mucho tiempo. Esto se debe, remontándonos a nuestros antepasados, a que cuando el *Homo sapiens* primitivo sentía satisfacción al cazar un animal, era peligroso que permaneciera distraído durante demasiado tiempo por tal éxito, ya que si se distraía durante un largo período de tiempo, podía convertirse en la cena de otro depredador.

Más bien, el éxito de la caza de un animal residía en ingerir la mayor cantidad posible de alimento en el menor tiempo posible y luego volver al modo de supervivencia.[26] Por eso, en los tiempos modernos, cuando alcanzamos lo que consideramos como éxito (por ejemplo, terminar una carrera universitaria), con el paso del tiempo sentimos que ese logro ya no es suficiente. Esto se debe a que la respuesta que

---

[25] (Brooks, 2022, p. 78)

[26] Un animal muerto era sin duda una oportunidad para consumir calorías, pero también implicaba la posibilidad de una batalla con otros depredadores. Hay pruebas que sugieren que los neandertales enterraban a sus muertos junto con herramientas y restos de otros animales, lo que sugiere la existencia de algún tipo de ritual. Sin embargo, también se especula que enterraban a los muertos para evitar que otros animales rastrearan sus restos (Hamer, 2004, p. 201).

produce el éxito se neutraliza o se estabiliza. Así que, al cabo de un tiempo, necesitamos continuar alcanzando nuevos retos para no sentirnos como un total fracaso. Esto implica que una vez alcanzamos el ingreso salarial que soñábamos, eventualmente, creamos nuevas aspiraciones. Si no examinamos nuestros deseos, nuestras expectativas se vuelven cada vez más ambiciosas de manera indefinida.

SATISFACCIÓN = INGRESO ECONÓMICO + TENER MÁS QUE LAS DEMÁS PERSONAS

Ahora bien, ¿cuál es la relación entre la psicología evolutiva y la realidad educativa de Puerto Rico? Estos planteamientos nos proporcionan un marco teórico para describir la hipótesis de que mientras más accesible sea el éxito académico (por ejemplo, lograr altas calificaciones o pertenecer al cuadro de honor), mayor predisposición tendrán los estudiantes a continuar exigiendo nuevos éxitos o logros académicos. Esto es dado a que, como se mencionó anteriormente, la satisfacción asociada con alcanzar el éxito eventualmente se disipa, creando así nuevas expectativas.

Por tanto, tener altas calificaciones ya no es suficiente para ser percibido, ni tampoco sentirse, como un estudiante exitoso. Es por eso que nuevas exigencias y expectativas sociales parecen haber recaído en la psique de los estudiantes y sus familias, como un mecanismo para reanudar la insaciable satisfacción que conlleva la ilusión del éxito académico.

"TIENES QUE PASARLO DE GRADO AUNQUE NO SEPA LEER"

Inconcebible, pero es la realidad en ciertas escuelas del sector público y privado alrededor de Puerto Rico. Aunque parezca una decisión poco racional, se ha vuelto, en muchas instancias, la norma. Aunque es especulativo detallar desde cuándo el sistema educativo tradicional, público y privado, comenzó a mitigar los estándares educativos, sin duda es un fenómeno que no necesariamente parece intrigar a los padres y madres de aquellos estudiantes que tienen dificultades con destrezas fundamentales en lectura y escritura.

Para explorar a fondo este dilema social, el siguiente capítulo examina por qué una educación basada exclusivamente en impartir habilidades esenciales para satisfacer las demandas del mercado será, claramente, ineficaz para formar individuos con las habilidades críticas necesarias para enfrentar los desafíos sociales y psicológicos del siglo XXI. Además, exploraremos cómo los avances tecnológicos modifican subconscientemente la concepción y el significado de lo que implica ser una persona socialmente funcional.

Antes de abordar el tema que nos ocupa, es importante tener en cuenta que la concepción tradicional del aprendizaje y la excelencia académica parece haber sido inconscientemente reemplazada por intereses banales pero significativos bajo los esquemas mentales que propicia la cultura del caos mediático.

CAPÍTULO 3

EXPECTATIVAS EXTRAVAGANTES

En 1961, Daniel J. Boorstin publicó un libro titulado *The Image: A Guide to Pseudo-Events in America,* Boorstin afirma que gran parte de los acontecimientos que moldean nuestras experiencias y expectativas sociales, es decir, lo que leemos, vemos y oímos, se basan en pseudoeventos.[27][28] Un pseudoevento es un acontecimiento que no es espontáneo, sino que se produce de manera intencional porque alguien lo ha planificado estratégicamente con un fin lucrativo. Por lo general, no se trata de un choque de trenes o un terremoto, sino de una

---

[27] (Boorstin, 2012, p. 12)

[28] Pseudo, es proveniente del griego y significa "falso".

entrevista con un político (a menudo corrupto) o un icono del mundo del espectáculo.[29]

Boorstin describe que antes del siglo XIX, los periódicos se dedicaban a rellenar sus columnas con relatos de segunda mano o reimpresiones de artículos publicados por primera vez en otros países o en el extranjero. La mayoría de los periódicos se dedicaban a anunciar las llegadas y salidas de los barcos, a difundir ensayos familiares y consejos útiles, o a publicar anuncios comerciales o jurídicos. En otras palabras, los periódicos mayormente no difundían información sensacional con el fin de entretener al lector.

Sin embargo, con el surgimiento de nuevos medios de comunicación, como el telégrafo, se produjo una revolución en el contenido que se publicaba en los periódicos. Al punto que para el siglo XX, Boorstin expone que "las noticias son lo que un periodista decide publicar".[30] Y así nacen los pseudoeventos. Los pseudoeventos son "noticias" que se crean exclusivamente con el propósito de ser reportadas por los medios de comunicación. La entrevista era una forma novedosa de hacer noticias que había llegado con la Revolución Gráfica, es decir, la televisión. Así mismo, las noticias se convirtieron en una forma de entretener a las masas. Para el 1800, cuando una persona leía un periódico posiblemente

---

[29] (Boorstin, 2012)

[30] (*Ibid.*, p. 8)

pensaría: "qué aburrido el mundo en el cual vivimos". Pero en 2024, si una persona lee un periódico sin "noticias" sensacionales, pensará: "qué periódico tan aburrido", ya que la expectativa actual de lo que llamamos noticias es que deben ser sensacionales, tenebrosas o entretenidas. Como bien expone Boorstin:

> A una persona le interesa menos si algo es un hecho respaldado por pruebas empíricas que si es conveniente creerlo. Lo que parece importante no es la verdad, sino lo que es creíble. En este nuevo mundo [de posverdad], el arte consiste en hacer que las cosas *parezcan* verdaderas. No es el arte del descubrimiento, sino el de la ficción. Encontrar un hecho es fácil; hacer que un hecho "sea comprendido" es algo más difícil.[31]

Podemos inferir que en el siglo XXI, anhelamos con más frecuencia aquello que deseamos que sea verdad, para así satisfacer nuestras dependencias emocionales y sociales que han sido inculcadas a través de los medios de comunicación. Aceptamos como un hecho que la cantidad de seguidores en una red social determina el valor del contenido. De la misma manera, asumimos la postura de que si un individuo puede generar suficiente dinero creando contenido de entretenimiento a través de plataformas como YouTube o

---

[31] (*Ibid.*, p. 212)

TikTok, debe ser considerado como una persona "exitosa".[32] Aceptamos como hechos estos pseudoeventos porque sufrimos de lo que Boorstin describía como las "expectativas extravagantes"."Esperamos demasiado del mundo. Nuestras expectativas son extravagantes en el sentido de ir más allá de los límites de la razón y la moderación".[33] Hemos traspasado los límites de la razón, la moderación y la prudencia para sentirnos exitosos bajo la influencia de la cultura del caos mediático.

Por ejemplo, desde el auge de Twitter, los periodistas redactan sus historias sin tener en cuenta la neutralidad y la objetividad. "Lo hacen exclusivamente para ganar seguidores en Twitter, muchos de los cuales son colegas periodistas y no el público en general. Bari Weiss, que trabajaba en el *Times*, dijo que Twitter se convirtió en el editor definitivo del *Times*".[34]

Es decir, la calidad del contenido que tiende a ser popular en la plataforma de Twitter terminó moldeando la forma de redactar de los periodistas del periódico *Times*. Podemos inferir que algo muy similar está sucediendo con las expectativas del sistema educativo tradicional. Los estándares

---

[32] Sin reconocer que es mediante la propagación voluntaria de información personal a través de estas plataformas sociales que se otorga su valor económico.

[33] (Boorstin, 2012, p. 3)

[34] (Easter, 2023, p. 109)

académicos que solían determinar el éxito estudiantil han pasado a un segundo plano y han sido reemplazados por la opinión pública propagada por los medios de comunicación, como las redes sociales. Aprender a leer y obtener buenas calificaciones parece ser un estímulo insuficiente para provocar un sentido de recompensa.[35]

Cabe mencionar que el orgullo es la emoción que sentimos cuando nos evaluamos positivamente. Pero como expresa Jessica Tracy, profesora de psicología en la Universidad de Columbia Británica, "el orgullo y la vergüenza evolucionaron específicamente para el rango social y la jerarquía".[36] Desde el punto de vista evolutivo, era fundamental que el ser humano desarrollara un mecanismo para reconocer el éxito y la eficiencia en el proceso de supervivencia, ya que esto era importante no solo para el beneficio de su propia supervivencia, sino también en relación a los demás miembros de la tribu. Pero el dilema radica en que, en las sociedades industrializadas, vivimos en una "tribu" extremadamente más amplia y compleja.[37] Usualmente, las tribus primitivas no sobrepasaban los 150 individuos, por tanto, las jerarquías eran mucho más simples. Pero, a través del Internet, podemos compararnos con personas que viven en otras partes del

---

[35] Discutidos en el Capítulo 2.

[36] (Tracy citado en Easter, 2023, p. 123)

[37] Otro ejemplo de un desajuste evolutivo, discutido en el Capítulo 2.

mundo y con quienes posiblemente nunca llegaremos a conocer íntimamente. Así que, socialmente, nos sentimos motivados a buscar mayores "logros" o a comportarnos de ciertas maneras que nos hagan creer que estamos alcanzando la aceptación o el reconocimiento de personas que posiblemente nunca llegaremos a conocer. "En realidad no es más que una forma superficial e irreal de expresar que estamos "consiguiendo" un estatus social".[38]

Pero es literalmente imposible sentirnos a gusto con nosotros mismos cuando nos comparamos en relación al estatus social de personas que tuvieron la predisposición (o la suerte)[39] de acceder a oportunidades que muy posiblemente muy pocos tendrán. Sin embargo, nuestro cerebro se desarrolló en un contexto donde ganarse el orgullo de los demás miembros de la tribu era vital para la supervivencia individual y colectiva. Este desajuste evolutivo condujo a lo que se conoce como el orgullo hubrístico.[40] "El orgullo hubrístico nos lleva a comportarnos de un modo cuyo objetivo es conseguir que los demás nos aprecien. Lleva a la gente a la locura y a la autodestrucción. El orgullo hubrístico proviene

---

[38] (Easter, 2023, p. 124)

[39] Para más información sobre este reclamo, véase *Fooled by Randomness* de Nasim Nicholas Taleb y *Outliers* de Malcom Gladwell.

[40] *Hubristic pride.*

34

de anunciarnos falsamente a nosotros mismos".[41] En otras palabras, el imperativo biológico de pertenecer a un grupo fue de gran beneficio cuando se vivía en comunidades simples, de no más de 150 personas. Pero en la modernidad, la necesidad biológica de sentir que pertenecemos a un grupo social incalculable ha tenido un efecto nocivo en las perspectivas sociales. Como explica Jessica Tracy; "a medida que aumentas tu estatus haciendo que la gente sepa que eres genial, simultáneamente lo disminuyes haciendo que la gente sepa que eres genial. Y eso te hace ver como un imbécil. La forma más difícil, pero más eficaz, es salir al mundo y hacer grandes cosas. Y entonces el estatus surge de forma natural".[42]

Es decir, exponer a través de las redes sociales que eres genial, y que estás viajando por Europa, mientras tus amistades trabajan en un cubículo de ocho de la mañana a cinco de la tarde, disminuye tu orgullo social, ya que tú mismo estás fomentando ese "estatus". Además, el estatus hubrístico se centra mayormente en cosas que queremos hacer o tener, y nos concentramos en hablar sobre ellas. Mientras que el orgullo auténtico ocurre cuando realmente logras metas, y las demás personas se percatan de ello sin que tú las anuncies *directamente*. (Por ejemplo, un escritor o músico satisfecho de su progreso no necesita recalcar o expresar públicamente lo

---

[41] (Easter, 2023, p. 124)

[42] (*Ibid.*, p. 125)

35

bueno que es, ya que la calidad de su trabajo dicta su propio orgullo).

No obstante, lo que se refleja en los estudiantes y en sus parientes es técnicamente el orgullo hubrístico. Cada vez, tanto los parientes como los estudiantes, exigen que los educadores brinden altas calificaciones sin considerar las destrezas que requieren dichas calificaciones. Sin embargo, para explorar más de cerca este dilema, debemos profundizar en las vertientes que posiblemente han influido en este cambio de perspectiva y expectativas sobre la educación tradicional. Los planteamientos fundamentados en la "ciencia" de la felicidad, o lo que se conoce en círculos académicos como la Psicología Positiva, nos ofrecen un punto de partida para explorar este cambio de paradigma social.

CAPÍTULO 4

CÓMO LA INDUSTRIA DE LA FELICIDAD CONTROLA NUESTRAS VIDAS

En la Declaración de Independencia de los Estados Unidos de América se establece como una "verdad"[43] que todos los seres humanos poseen ciertos derechos inalienables, entre los cuales se encuentran la vida, la libertad y la búsqueda de la felicidad. A pesar de ello, el dilema al que nos enfrentamos hoy en día es que buscar la felicidad no parece resolver completamente el problema, ya que según la psicología positiva, deberíamos aspirar a alcanzar niveles aún *más* altos de felicidad. La psicología positiva fue fundada a finales de la década de 1990 y principios de los 2000 por

---

[43] Aunque el Estado pretende "garantizar" la felicidad como un derecho humano, es indudable que es una idea utópica. Para una mejor perspectiva sobre este argumento, véase el artículo por Muñoz (2020), titulado "¿Es Ser Feliz un Derecho?"

Martin Seligman, después de ser elegido presidente de la Asociación Estadounidense de Psicología. Su objetivo era establecer la psicología positiva como una disciplina independiente de la psicología tradicional. Es decir, la psicología tradicional se centra principalmente en abordar condiciones adversas como enfermedades mentales, trastornos de personalidad, ansiedad, depresión, entre otros. De acuerdo con la psicología positiva, cualquier persona, sin importar su situación, debería buscar el apoyo de un profesional en esta área para poder optimizar su bienestar y desarrollar su potencial.[44] Y quizás ahora comprendas por qué en los últimos años ha habido un notable incremento en el número de entrenadores de vida (también conocidos como coaches de vida).

En contraste con la psicología tradicional, que se basa en el Manual Diagnóstico y Estadístico de los Trastornos Mentales (DSM), Peterson y Seligman publicaron un libro titulado *Character Strengths and Virtues: A Handbook and Classification* (CSV). Este libro se centra en la clasificación de las virtudes o fortalezas de las personas, con el propósito de ofrecer un marco de referencia a la psicología positiva. A diferencia del DSM, que se enfoca en clasificar científicamente los déficits y trastornos humanos, el CSV clasifica las fortalezas humanas positivas de las personas.

---

[44] (Cabanas y Illouz, 2021, p. 34)

El dilema surge cuando investigamos la historia de la psicología positiva y descubrimos que, en esencia, retoma ideas del movimiento de la autoestima que surgió en los años ochenta. Este movimiento, aunque tuvo un auge considerable durante un tiempo, finalmente fue dejado a un lado, ya que se basaba principalmente en opiniones personales promovidas por gurús financieros y entrenadores de vida.

Sin embargo, con el surgimiento de la psicología positiva, estas perspectivas personales fueron reinterpretadas como "evidencia científica". Así lo expresan Edgar Cabanas y Eva Illouz en el libro *Happycracia: Cómo la ciencia y la industria de la felicidad controlan nuestras vidas*, "el enfoque de la 'ciencia' de la felicidad, se ha creado para legitimar la suposición de que la riqueza y la pobreza, el éxito y el fracaso, la salud y la enfermedad son fruto de nuestros propios actos".[45] En otras palabras, la psicología positiva destaca que la felicidad está principalmente determinada por la actitud hacia la vida, más que por las circunstancias externas. Por ejemplo, Sonja Lyubomirsky, autora del libro *The How of Happiness: A Scientific Approach to Getting the Life You Want*, sostiene que las circunstancias solo influyen en un 10% de la felicidad de una persona, mientras que los factores emocionales, como el estado de ánimo interno, representan un 40%. Sin embargo, para Lyubomirsky, la genética también desempeña un papel

[45] (*Ibid.*, p. 19)

significativo, estableciendo un 50% de influencia en la felicidad[46] (Figura 1).

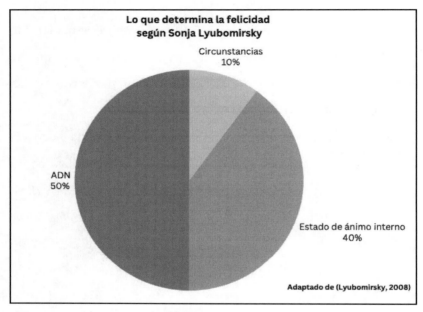

Figura 1

Ahora bien, a nivel personal, no me parece irrazonable que algunas personas tengan una tendencia innata a ser relativamente más felices (o menos felices) que otras, incluso en circunstancias similares. Sin embargo, considero que es una postura extrema afirmar que el 50% de la felicidad está determinada por predisposiciones genéticas, mientras que las circunstancias solo influyen en un 10% de la felicidad. Imaginemos a dos personas que, a pesar de haber nacido en

---

[46] (Lyubomirsky, 2008)

territorios diferentes, comparten la misma predisposición genética hacia la felicidad, establecida en un 50%.

Digamos que Jean nació en la República Centroafricana, donde lucha a diario por conseguir alimentos y enfrenta los desafíos de la desnutrición (circunstancias = -10%). Sin embargo, Jean tiene una actitud positiva hacia la vida (aptitud hacia la vida = +40%). Según los principios de la psicología positiva, Jean sería significativamente más feliz en comparación con Ryan, quien nació y creció en una familia privilegiada en el Centro de Manhattan (circunstancias = +10%), pero tiene una mentalidad totalmente pesimista (aptitud hacia la vida = -40%).

Según la teoría de Lyubomirsky, la persona que enfrenta desnutrición en la República Centroafricana sería un 30% más feliz que el estadounidense que vive en Park Avenue, toma café todas las mañanas en el Starbucks de Times Square y compra ropa en la Quinta Avenida.

NUEVA YORK = 60% FELIZ

VS.

ÁFRICA = 90% FELIZ

No obstante, esta noción resulta extraordinariamente poderosa para el Estado y el sistema económico capitalista. El neoliberalismo ha elevado el individualismo a un papel central en su filosofía política. Por ejemplo, la propia Margaret

Thatcher, para el 1981, expuso que "lo que me ha irritado de la política en los últimos treinta años es que siempre ha estado orientada hacia un modelo de sociedad colectivista. La gente se ha olvidado de que lo único importante son los individuos. Cambiar la economía es la forma de cambiar ese enfoque".[47]

En esencia, esta filosofía política promueve que las personas se enfoquen únicamente en sí mismas. Este individualismo que vemos hoy en día es en gran medida el resultado de la ideología neoliberal. Sin embargo, la psicología positiva ha difundido esta misma mentalidad sin los lentes políticos asociados. "Si la felicidad ha llegado a tener el protagonismo que hoy tiene es porque se ha mostrado especialmente útil para reavivar, legitimar y reinstitucionalizar el individualismo en términos aparentemente no ideológicos gracias a su discurso científico".[48]

Esta noción ha resultado enormemente beneficiosa para las empresas, ya que sostiene que no son las instituciones las que deben mejorar sus políticas y condiciones laborales, sino que es el individuo quien debe asumir la responsabilidad de su bienestar, independientemente de su entorno laboral. La psicología positiva establece la idea de que "no hay problemas *estructurales*, sino solo deficiencias psicológicas individuales".[49]

---

[47] (Cabanas y Illouz, p. 21)

[48] (*Ibid.*, p. 63)

[49] (*Ibid.*, p. 19)

Sin lugar a dudas, la psicología positiva resulta útil para el Estado, ya que desplaza la responsabilidad hacia el individuo en lugar del colectivo. De esta manera, el problema de la desigualdad económica no se percibe como un desafío gubernamental, sino como un asunto individual. Según la "ciencia" de la felicidad, se postula que cualquier persona puede alcanzar el éxito; claro, si posee la mentalidad adecuada...

CAPÍTULO 5

POSITIVISMO TÓXICO

E n los últimos años, se ha observado una tendencia a proteger a los adolescentes e incluso a los jóvenes adultos del fracaso académico.[50] Dos investigadores de Estados Unidos[51] analizaron la inflación de las calificaciones en escuelas secundarias y universidades estadounidenses. Basándose en las calificaciones de aproximadamente 1.5 millones de estudiantes, los datos mostraron que en 1960 la calificación más común era la C en todo el país, y las D y las F representaban más calificaciones combinadas que las A. Desde

---

[50] (Bastian, 2019)

[51] (Rojstaczer y Healy, 2012)

los años 60 hasta mediados de los 70, las calificaciones en Estados Unidos experimentaron un aumento significativo, siendo la calificación B la más frecuente y la A la segunda calificación más común.

A mediados de la década de 1980, la asignación de la calificación A comenzó a aumentar, y para el año 2008, la calificación A era casi tres veces más común que en 1960. Para comprender esta tendencia, es necesario recurrir al movimiento de la autoestima mencionado en el capítulo anterior. La idea de que "todos son ganadores" fue promovida con fuerza a principios de los años sesenta. El movimiento de la autoestima recibió respaldo de algunos grupos gubernamentales, enfatizando que pensar positivamente sobre uno mismo es el bien supremo, y que al practicarlo es probable que experimentemos una serie de consecuencias positivas, que van desde obtener mejores empleos y una mayor estabilidad emocional, hasta alcanzar el éxito educativo.

Las repercusiones han sido que hemos dejado de comunicarle a los alumnos cuándo su trabajo no es suficientemente bueno y hemos descuidado mantener los estándares académicos debido a que los alumnos no saben cómo enfrentarse a las críticas constructivas. De hecho, promover una alta autoestima mediante el elogio (sin mérito) tiene consecuencias adversas. Como sugieren los autores del libro *La Epidemia del Narcisismo*, la mentalidad de que "todos reciben un trofeo" básicamente implica que se te recompensará sólo por presentarte. Esto no fomenta una verdadera autoestima, sino que genera una sensación vacía de que "soy excelente sólo porque estoy aquí". Los jóvenes de hoy están expuestos a un sistema de valores completamente diferente, más centrado en el éxito y los logros personales, y menos en las relaciones interpersonales.

Una investigación realizada por Yalda Uhls y Patricia Greenfield con preadolescentes pidió a los participantes que nombraran el valor más importante para sus objetivos futuros. Los jóvenes de diez a doce años del estudio seleccionaron la afirmación: "Lo más importante para mi futuro es ser famoso", como el objetivo número uno. Sin embargo, cuando se les preguntó por qué querían ser famosos, la mayoría de estos estudiantes no pudo ofrecer una respuesta inmediata o clara. Resulta conveniente preguntar: ¿Estamos inculcando valores que preparen a las futuras generaciones para adaptarse al cambio y enfrentar los desafíos desalentadores del siglo XXI? ¿O estamos creando individuos incapaces de enfrentar el fracaso, el cual es inevitable en la vida?

Apelar a las emociones parece ser el objetivo principal en la cultura del caos mediático. Sin embargo, debería reconocerse que, "en primer lugar, no todos hemos sido creados iguales. Ni todos los profesores ni todos los alumnos son geniales. Hacer creer que todos somos excepcionales es un gran error".[52]

La doctrina de inculcar una actitud positiva constantemente, en cierta medida, puede evitar que aceptemos las adversidades que inevitablemente enfrentaremos en la vida. La continua omisión de experiencias negativas en favor de las placenteras puede debilitarnos aún más. El fácil acceso a todo lo que deseamos no es más que una falsa libertad, ya que en muchos casos, lo que realmente buscamos es simplemente diversión. Cuando la búsqueda de diversión domina nuestras vidas, nos volvemos cada vez más frágiles. Nos obsesionamos con la comodidad y el placer, y cualquier pérdida de eso nos sacude y nos parece injusto. Por tanto, es esencial reconocer que no debemos avergonzarnos de sentir o identificarnos con emociones que socialmente se consideran negativas.

POR QUÉ NO DEBES SENTIRTE MAL POR ESTAR TRISTE

Charles Darwin es principalmente reconocido por su teoría de la evolución publicada en 1859 en su obra *On the Origin of Species by Means of Natural Selection*. Sin embargo, en 1872, también publicó un libro titulado *The Expression of the Emotions in Man and Animals*, donde argumentó que las emociones y sus expresiones han evolucionado como respuestas adaptativas a diversas situaciones. Propuso que

---

[52] (Kerrey, 2017, p. xiii)

muchas expresiones faciales y gestos tienen un significado universal en diferentes culturas y especies, lo que indica una herencia evolutiva compartida. Darwin redujo el número de emociones comúnmente observadas a solo seis expresiones "básicas": ira, miedo, sorpresa, asco, felicidad y tristeza.[53]

Sin embargo, emociones como la tristeza y la felicidad son *valoradas* de manera diferente según el contexto cultural. Esto es lo que explora Brock Bastian en su estudio titulado *"Feeling Bad About Being Sad"* (*"Sentirse Mal por Estar Triste"*). Podemos decir que las normas sociales varían por cultura, sin embargo, "cuando las normas sociales presionan a las personas para que no experimenten emociones negativas, [como la tristeza] las personas reaccionan a estas normas con una mayor respuesta emocional negativa".[54] En otras palabras, tratar de sentirnos felices cuando no lo estamos puede hacernos sentir miserables. Sin embargo, esto es lo que solemos hacer en la mayoría de los casos cuando un colega nos pregunta un lunes a las ocho de la mañana: "¿Cómo estás?" y fingimos expresar estar "bien".

Sentirse bien todo el tiempo se ha convertido en una expectativa social, y expresar emociones consideradas negativas se percibe como inapropiado. No hace falta discutir qué emociones se valoran más dentro de la cultura occidental. La necesidad de ser feliz se nos promueve constantemente,

---

[53] (LeDoux, 2015)

[54] (Bastian et al., p. 78)

tanto en charlas motivacionales como en entrenamientos profesionales. No obstante, Bastian sostiene que "no cumplir estas expectativas sociales lleva a las personas a reflexionar negativamente sobre sí mismas, lo que conduce a la amplificación de emociones no deseadas. Es decir, cuando nos sentimos tristes pero pensamos que los demás esperan a que seamos felices, esto nos hace sentir peor".[55]

Por ejemplo, los residentes de la ciudad de Provo, en el estado de Utah, son considerados los más felices en todo Estados Unidos. Además, alrededor del 90% de la población de Provo pertenece a la denominación religiosa Mormona. La autora del libro *America the Anxious*, Ruth Whippman, señala que, a pesar de que los residentes de Provo son considerados el grupo de personas más felices en Estados Unidos, el estado de Utah tiene la tasa más alta de uso de antidepresivos en el país. La tasa de prescripción de medicamentos para la depresión en Utah es aproximadamente el doble del promedio nacional.[56]

Es una extraña paradoja que los mormones de Provo parezcan ser los más felices, pero al mismo tiempo los más deprimidos. Lo que Whippman sugiere es que cuanto mayores sean las expectativas sociales sobre cómo deben proyectarse los individuos ante su comunidad, más pueden inducir tales expectativas al malestar emocional, ya que no es socialmente

---

[55] (Bastian et al., p. 70)

[56] (Whippman, 2016, p. 156)

aceptable expresar emociones que se consideran, o se asocian, con sentimientos negativos.

Es una opinión razonable considerar que todo individuo experimentará emociones asociadas a la tristeza en algún momento. Por tanto, la expectativa social de mantenerse feliz dentro de una comunidad implica una contradicción. Pertenecer a una denominación que fomenta la expresión de ciertas emociones "positivas"[57] (principalmente asociadas con la felicidad) al mismo tiempo implica la represión de otras emociones (usualmente asociadas con la tristeza). Muy similar es lo que parece estar sucediendo en la cultura del caos mediático, en donde reprimir emociones asociadas a la tristeza es visto como un elemento fundamental para lograr un mejor bienestar emocional.

No obstante, la importancia otorgada a la felicidad y la desvalorización de la tristeza no son tan evidentes en las culturas asiáticas. En Japón, se valora la aceptación, el equilibrio emocional e incluso las dificultades de la vida, y la búsqueda de la felicidad suele tener connotaciones menos prominentes.[58] En la investigación citada por Bastian, se encontró que los participantes australianos declararon tener

---

[57] Se escribe entre comillas ya que emociones asociadas como "negativas", como la tristeza, también son funcionales para la salud mental. Sentimientos asociados a la tristeza son esenciales para reconocer posibles situaciones que deben ser trabajadas a nivel personal y/o social.

[58] (Bastian et al., p. 70)

más expectativas personales y sociales de no experimentar emociones negativas en comparación con los participantes japoneses. Sin embargo, paradójicamente, los australianos se sienten peor consigo mismos en comparación con los japoneses.[59]

Así que podemos cuestionarnos: ¿Por qué las corporaciones y las instituciones académicas invierten presupuestos en programas y charlas motivacionales sobre la "ciencia" de la felicidad, cuando la evidencia señala que mientras sigamos fingiendo sentirnos bien todo el tiempo, eso nos hace sentir aún más miserables?

Tanto David Hume (1711-1776) como Allan Watts (1915-1973) argumentaban sobre la importancia de aceptar ambos estados emocionales como parte de nuestra esencia humana. Mark Manson, por otro lado, parafrasea estos planteamientos de manera aún más concisa. "El deseo de tener más experiencias positivas es en sí misma una experiencia negativa. Y, paradójicamente, la aceptación de la propia experiencia negativa es en sí misma una experiencia positiva".[60]

A nivel personal, considero que debemos reconocer y aceptar las diversas emociones que experimentamos a lo largo de nuestra existencia. Las emociones suelen ser pasajeras, y

---

[59] (*Ibid.*, et al., p. 72)

[60] (Manson, 2016, p. 9)

muy pocos desearían suprimir la gratificación que surge tras alcanzar un objetivo que requirió mucho trabajo y dedicación. Sin embargo, tampoco sería genuino reprimir las emociones que surgen cuando fracasamos en alcanzar una meta o perdemos a un ser querido. Al final del día, la felicidad y el bienestar no existirían sin la presencia de la melancolía, la aflicción y el desánimo.

CAPÍTULO 6

EL ENGREIMIENTO DE LA MENTE

En el 2018, Greg Lukianoff y Jonathan Haidt, dos autores destacados, presentaron un análisis acerca de lo que ellos identifican como dos dilemas sociales cruciales que se manifiestan entre los estudiantes universitarios contemporáneos en los Estados Unidos. El primero es el aumento en la fragilidad emocional de los estudiantes universitarios. Por ejemplo, en el caso de los varones, se ha observado un aumento del 126% en aquellos estudiantes que se describen con trastornos mentales. En el caso de las mujeres, dicho aumento es aún más pronunciado, alcanzando el 150%.[61] El segundo dilema recae en el aumento de la intolerancia intelectual dentro del campus universitario.

---

[61] Véase *The Coddling of the American Mind.*

Por ejemplo, se ha evidenciado un aumento en las desinvitaciones. Estas desinvitaciones se refieren a los boicots expresados por los estudiantes hacia personas que han sido invitadas a dar charlas sobre temas que contradicen o desafían las ideas y creencias mayoritarias entre los estudiantes. Los autores argumentan que algo empezó a cambiar en muchos campus universitarios alrededor del 2013. La idea de que los estudiantes universitarios no deben estar expuestos a ideas 'ofensivas' es ahora una postura mayoritaria entre los estudiantes.[62] En el 2017, el 58% de los estudiantes universitarios señalaron que *"es importante formar parte de una comunidad universitaria en la que los estudiantes no estén expuestos a ideas intolerantes y ofensivas"*.[63]

Muy similar a la comunidad Mormona en Utah, donde pertenecer a dicha nominación conlleva proyectar emociones consideradas socialmente como positivas, cancelar a las personas que reten las ideas o creencias que la mayoría de los estudiantes sostienen, parece ser un factor esencial para gran porción (58%) de la comunidad universitaria.

En otras palabras, si la universidad invita a un profesor que mantiene ideas del partido opuesto a las que se vinculan los estudiantes, tienden a ser des-invitados, lo que implica que los estudiantes hacen todo lo posible para que la persona no

---

[62] (Lukianoff y Haidt, 2018, p. 48)

[63] (*Ibid.*, 2018)

pueda brindar la charla. Uno de los autores del polémico libro *The Bell Curve*, Charles Murray, ha enfrentado interrupciones durante sus presentaciones en diversas universidades en Estados Unidos, debido a que sus argumentos son percibidos como sumamente ofensivos. Desde mi perspectiva, la universidad representa el entorno en donde tanto los estudiantes como la facultad son confrontados con nuevas ideas y enfoques, con el fin de generar nuevos conocimientos. "La visión de que una universidad debe proteger a todos sus estudiantes de ideas que algunos de ellos consideran ofensivas es un repudio del legado de Sócrates. Sócrates pensaba que su trabajo consistía en provocar, cuestionar y, por tanto, hacer que sus conciudadanos atenienses reflexionaran sobre sus creencias y cambiaran las que no podían defender".[64]

Ahora, examinemos un ejemplo para ilustrar por qué la cultura de cancelación no ofrece verdaderamente una solución o fomenta una mentalidad crítica. El libro *The Bell Curve* fue publicado en 1994, y sigue siendo objeto de controversia en la actualidad. Su tesis central sostiene que la inteligencia humana (en términos de coeficiente intelectual) está significativamente influenciada por factores hereditarios. Además, plantea que la inteligencia es un predictor más certero de diversos resultados personales, como ingresos económicos, rendimiento laboral y comportamiento delictivo. También plantea que las diferencias

---

[64] (Lukianoff y Haidt, 2018, p. 49)

en promedio de coeficiente intelectual entre poblaciones son, hasta cierto punto, de origen genético. Aunque esta posición se respalda con investigaciones,[65] además de las presentadas por Charles Murray, también se ha encontrado que menos de la mitad (21%-22%) de la inteligencia humana es heredable.[66] No obstante, si como ciudadanos no estamos informados ni educados sobre las pruebas que refutan las ideas de Charles Murray y otros, simplemente boicotear al conferencista equivale a intentar "ganar" la batalla sin enfrentarnos a la evidencia.

Según Greg Lukianoff y Jonathan Haidt, una posible explicación de por qué esta tendencia comenzó alrededor de 2013 es que en ese período la Generación Z empezó a ingresar a la universidad. En otras palabras, con la llegada de esta generación a la universidad, surge la cultura de la seguridad emocional. Esta cultura ha dado lugar a la creación de "Salones Seguros" (*Safe Spaces*), espacios dentro del campus donde los estudiantes pueden "refugiarse" de cualquier amenaza emocional percibida. Para describir por qué está ocurriendo esto con la Generación Z, a diferencia de pasadas generaciones, los autores mencionan que ha habido un cambio significativo en la manera de crianza de los jóvenes. El argumento de los autores es que, cuando los integrantes de la

---

[65] (Goriounova, 2019)

[66] (Lam et al., 2017)

Generación Z llegaron al campus a partir del otoño de 2013, habían pasado menos tiempo sin supervisión de sus padres y tenían menos experiencias de vida fuera del Internet en comparación con cualquier generación anterior. Y esto se relaciona con lo que se conoce como la Adultez Emergente.

En palabras simples, la adultez emergente implica que "los jóvenes de 18 años actúan ahora como lo hacían los de 15, y los de 13 como los de 10".[67] El concepto de la adultez emergente destaca que los adolescentes están físicamente más seguros que generaciones anteriores, ya que tienen menos exposición al mundo físico y prefieren estar en el mundo virtual; sin embargo, son mentalmente más vulnerables. En consecuencia, la Generación Z (en promedio) no parece estar dispuesta emocionalmente para enfrentar las demandas que exige el entorno universitario. La búsqueda del conocimiento, indudablemente, implica cierto grado de humildad, pero también puede generar malestar psicológico. Aceptar que estamos equivocados requiere una aptitud crítica, a diferencia de simplemente rechazar una idea porque contradice o afecta nuestras emociones. Miguel de Unamuno expuso, que "la ciencia, es ante todo una escuela de sinceridad y de humildad. La ciencia nos enseña, en efecto, a someter nuestra razón a la

---

[67] (Lukianoff y Haidt, 2018, p. 148)

verdad y a conocer las cosas como ellas son"[68] *y no como te gustaría que fueran.*

Durante la redacción de mi tesis doctoral, durante cada reunión con los miembros del comité, me encontraba con la ardua tarea de confrontar y reconocer las contradicciones en mi razonamiento. Al revisar el documento, el comité identificaba suposiciones que personalmente había pasado por alto. Con el tiempo, noté que este proceso, inicialmente incómodo, me facilitó a identificar mis propias contradicciones durante la escritura (y, eventualmente, a ser más articulado a la hora de expresarme). Esto hasta el punto en que, hoy día, deliberadamente solicito que terceras personas lean y critiquen mis argumentos. La escritura académica no es más que el ejercicio de descubrir tus propias contradicciones antes de que alguien más lo haga por ti. Por ende, me parece natural inferir que una sociedad sin la disposición para el debate, el diálogo y la búsqueda del conocimiento es una sociedad frágil, propensa a pasar por alto la libertad de expresión.

No obstante, al mismo tiempo, considero que las generaciones emergentes parecen tener un mayor interés en asuntos y dilemas sociales que en las pasadas generaciones, usualmente, pasaban desapercibidos.

Sin embargo, creo que intentar boicotear a todos aquellos que difieran de la opinión mayoritaria es un inconveniente a la

---

[68] (Unamuno, 2016, p. 132)

hora de lidiar con una situación. Al "proteger" a las personas de puntos de vista e ideas, lo que realmente hacemos es negarles la oportunidad de desarrollar las habilidades necesarias para desenvolverse en las complejidades que implica el mundo social.

CAPÍTULO 7

EL EFECTO SECUNDARIO DE LAS TECNOLOGÍAS

La transmisión de valores culturales y herencia cultural ha desempeñado un papel fundamental en la educación durante un extenso período en la cultura occidental. Sin embargo, con el surgimiento del Internet y la difusión de información a través de los medios de comunicación masiva, el proceso de transmisión de valores culturales ha sido notablemente influenciado, y hasta cierto punto interrumpido. "Partimos de la suposición que la información es nuestra aliada, creyendo que las culturas pueden sufrir gravemente por falta de información, lo cual, por supuesto, es cierto hasta cierto punto. No obstante, ahora se empieza a comprender que las culturas también pueden sufrir por el *exceso* de información, por la información sin sentido, por la información sin mecanismo de control".[69] Es decir, a medida que avanzan las tecnologías, aumenta la disponibilidad de *información*. Sin embargo, no fue hasta mediados del siglo XX que una gran parte de los avances tecnológicos comenzaron a enfocarse en los medios de comunicación (por ejemplo: televisión, radio, fax, teléfonos, celulares, Internet, etc.). No obstante, la información transmitida a través de estos medios estaba regulada por intermediarios, como editores, juntas de control, revisión por pares, entre otros. Pero el efecto secundario de los avances en la informática es que, a medida que aumentan, se ponen a prueba los mecanismos de regulación de la información.

Por tanto, a medida que las tecnologías de la informática avanzan, se requieren mayores mecanismos de control para hacer frente a la nueva información disponible. Como bien reseña Neil Postman, el dilema fundamental reside en que "cuando el flujo de información deja de ser controlable, se produce un colapso general de la *tranquilidad psíquica* y de la finalidad social. Sin ningún mecanismo de regulación de la información, las personas pierden la manera en cómo otorgarle sentido a sus experiencias. Es decir, pierden la *capacidad de recordar* y para imaginar futuros razonables".[70]

---

[69] (Postman, 1993, p. 76)

[70] (*Ibid.*, p. 72)

Uno de los puntos esenciales de este libro radica en cuestionar el potencial impacto de las tecnologías de comunicación en el sistema educativo y en la sociedad en general. Esto se puede explicar en el sentido que a medida que aumenta el flujo de información disponible, simultáneamente afecta la tranquilidad psíquica de los individuos. Dado que, como bien planteó Alvin Toffler en su libro *Future Shock*, la sobrecarga informativa ocurre cuando la cantidad o la intensidad de la información supera la capacidad cognitiva de procesamiento del individuo, lo cual puede provocar efectos disfuncionales.[71]

Debo destacar que, a lo largo de la historia, las instituciones sociales han desempeñado un papel crucial como mecanismos de control y regulación de la información. El currículo académico, definido como las experiencias planificadas por la escuela para ayudar al estudiante a lograr alcanzar ciertos objetivos, no es otra cosa que un método de regulación de información. Un currículo está compuesto de ciertos temas y objetivos que deben ser estudiados bajo un término académico. En ausencia de objetivos específicos (que regulen la información), cualquier tema podría formar y dirigir

---

[71] (Toffler, 1970)

el currículo, lo que lo haría ineficiente a la hora de determinar el aprendizaje de los estudiantes.[72]

De similar manera, la información presentada en una vista judicial se limita a aquella que es relevante para un caso en específico. Aquello que se presenta como evidencia en una vista judicial no es más que un tipo de información específica que forma parte de un proceso metódico. Por esta razón, las opiniones personales no se catalogan como evidencia en una investigación criminal, ya que no cumplen con los criterios establecidos en el contexto judicial.

Por tanto, la *regulación* de la información es lo que determina el *valor* de la información. En la actualidad, el proceso de regulación de la información se ha visto interrumpido, ya que prácticamente cualquier persona puede crear contenido y difundirlo *como si fuera* información relevante. Por ejemplo, cada día se suben a YouTube unos 3.7 millones de videos nuevos, lo que equivale a unas 271,330 horas de contenido de vídeo con una duración promedio de cuatro minutos.[73]

---

[72] No obstante, a pesar de que el currículo esté fundamentado en objetivos específicos, el *currículo oculto* siempre estará presente. Este último consiste en lecciones que no se imparten de manera directa, pero que se transmiten de manera *implícita* a través de la cultura y el entorno escolar. A pesar de no estar formalmente incluidas en el plan de estudios, estas lecciones influyen en la socialización y el desarrollo de los estudiantes.

[73] (Hayes, 2024)

"Según algunos estudiosos, en un solo día estamos expuestos a más información de la que una persona del siglo XV recibía en toda su vida".[74] Además, dos tercios de los jóvenes en América, de dos a trece años, utilizan dispositivos digitales, con un promedio de siete horas al día los siete días de la semana.[75] No tan solo la población continúa aumentando el tiempo en el uso de aparatos digitales, sino que los jóvenes cambian de aplicaciones veintisiete veces en una hora.[76] Como sostiene Maryanne Wolf, profesora de la Universidad de California en Los Ángeles, la noción de que la mayoría de los jóvenes están expuestos al exceso de información, y cambian su atención cada dos o tres minutos debería ser motivo de preocupación. Esto no solo es relevante para aquellos que buscan comprender cómo la revolución digital podría estar afectando el desarrollo intelectual de los niños, sino también en la salud mental.[77]

Como se mencionó previamente, en 1993, Neil Postman argumentaba que una sociedad dominada por los avances tecnológicos de la informática, experimentaría, eventualmente, un colapso general en la tranquilidad psíquica. Las personas se encontrarían incapacitadas para darle sentido a sus

---

[74] (Easter, 2023, p. 220)

[75] (Wolf, 2016, p. 143)

[76] (*Ibid.*, p. 146)

[77] (*Ibid.*, 2016)

experiencias personales debido a la incapacidad de recordar y formar memorias.

Diferentes autores alegan que mientras el individuo esté expuesto al tsunami de información, su capacidad de concentrarse y por ende, de recordar, disminuirá significativamente. Esto se debe a que el cerebro humano solamente puede sostener alrededor de 1 a 4 fragmentos de información en la mente por un tiempo determinado. Este concepto es lo que se conoce como la memoria de trabajo (*working memory*).

En 1885, el psicólogo alemán, Ebbinghaus, realizó una serie de experimentos mentales y se percató de esta limitación del cerebro humano. En sus experimentos, en los cuales él mismo desempeñaba como sujeto de investigación, empleaba un metrónomo y un reloj para determinar la duración de estos fragmentos de información en la mente.[78] Ebbinghaus encontró que el cerebro recuerda con mayor precisión cuando la información se agrupa en fragmentos. Por ejemplo, intente memorizar en 14 segundos la siguiente secuencia de 14 letras individuales:

IB MJ FKTW AUS ACDS[79]

---

[78] (Sperling, 1957, p. 63)

[79] (Wolfe, 2001, p. 99)

Tiende a ser complicado memorizarlo ya que 14 pedazos exceden la capacidad de la memoria de trabajo. Sin embargo, si reorganizamos las mismas letras, en diferentes unidades o fragmentos de tres, será mucho más fácil para nuestra memoria. Por ejemplo:

IBM JFK TWA USA CDS

Ebbinghaus encontró que 38 repeticiones distribuidas durante tres días eran más efectivas que 68 repeticiones en un solo día.[80] No solamente la memoria de trabajo tiene un límite, estudios han señalado que cuando la memoria de trabajo está congestionada de información, es más probable que te distraigas con mayor facilidad.

Cuando estamos intercambiando de aplicación en aplicación, de una página a otra, llega un punto que nuestra memoria no logra retener un fragmento más de información. Por tanto, mientras más expuesto estemos a este flujo de información diariamente, más condicionamos nuestra mente a estar distraída y vagabundeando en un océano de información.

Lo más destacado sobre este asunto es que toda la información que leemos tarda aproximadamente una hora en

[80] (Sperling, 1957, p. 63)

consolidarse. Por tanto, si leemos un artículo en línea y cambiamos rápidamente a otra tarea virtual, en realidad no le hemos dado a nuestra mente el tiempo necesario para consolidar dicha información.

Dicho de otra manera, los hábitos inducidos por las nuevas tecnologías de la informática han llevado a interrumpir el proceso de memorización. "Cada vez que nos conectamos al Internet, no solo sobrecargamos nuestra memoria de trabajo, sino que también dificultamos que nuestros lóbulos frontales concentren su atención en una sola cosa. Como resultado, el proceso de consolidación de la memoria ni siquiera puede comenzar".[81]

Esto lleva a especular si las deficiencias educativas evidentes en el sistema educativo contemporáneo están relacionadas con el aumento exponencial en el acceso a la información. En el próximo capítulo, se explorará esta interrogante y se proporcionará un marco teórico con el fin de ofrecer herramientas cognitivas para enfrentar los síntomas provocados por la cultura del caos mediático.

---

[81] (Carr, 2010, p. 194)

CAPÍTULO 8

PARALIZADOS POR LA INFORMACIÓN: EL OPIO DEL PUEBLO

E s una afirmación ampliamente aceptada que, a partir de la Revolución Industrial, los avances tecnológicos han ejercido una influencia significativa en diversos sistemas sociales. Como se ha destacado en este trabajo, el cambio social no es una tendencia exclusiva del presente, pero las corrientes tecnológicas del siglo XXI han transformado la sociedad a un ritmo acelerado. En otras palabras, el dilema no reside en el cambio en sí, sino en la rapidez con la que ocurren los cambios.

En la actualidad, los cambios tecnológicos y tendencias sociales suceden tan velozmente que cada miembro de la sociedad se ve desafiado a comprender cómo enfrentar y hacer sentido a dichos cambios. Anteriormente, se mencionó que uno de los roles fundamentales de las instituciones sociales (como la religión, la educación y el Estado) radica en regular la información disponible, ya que una sociedad sin sistemas que regulen el flujo de información, ostensiblemente, empieza a desestabilizarse. En 1538, "Enrique VIII intentó desesperadamente de regular la información esparcida a través de la imprenta al exigir una licencia aprobada por la corona para operar una imprenta en Inglaterra. Sin embargo, resultó imposible contener la proliferación de ideas".[82] Hoy en día, "los legisladores están tratando de hacer lo mismo. Han surgido intentos autoritarios de regular las redes sociales, tanto desde las políticas de derecha en estados como Texas y Florida, como la izquierda en California y Nueva York".[83]

Y aunque la regulación de la información a menudo se percibe como un mecanismo autoritario y antidemocrático, es importante destacar que una sociedad sin control sobre el flujo de información deja a los ciudadanos vulnerables a la *parálisis por análisis*. La parálisis por análisis es el síntoma que surge por la sobrecarga de información. La sobreexposición a la información, con el tiempo, nos vuelve menos capaces de

---

[82] (Lukianoff y Schlott, 2023, pp. 6-7)

[83] (*Ibid.*, p. 7)

tomar decisiones claras y racionales, ya que la memoria de trabajo se sobrecarga de información.[84]

Este capítulo propone una serie de reflexiones dirigidas específicamente a los programas educativos para que incorporen la alfabetización mediática en sus evaluaciones académicas como herramienta fundamental para lidiar y batallar con las consecuencias de la cultura del caos mediático. Sin una filosofía educativa que guíe a los individuos a cómo lidiar con el caos mediático—es decir con el tsunami de información y desinformación esparcido a través de los medios de comunicación masiva—resulta poco realista sostener expectativas neutrales u optimistas sobre el bienestar emocional, psicológico e intelectual de las próximas generaciones.

La razón de esta afirmación radica en que, como se mencionó en el capítulo anterior, a lo largo de la historia, la regulación de la información fue una tarea viable debido a la naturaleza de las tecnologías disponibles para aquel entonces. Pero con el rápido avance en las tecnologías de comunicación, desde mediados de la década de 1950, se produjo un aumento exponencial en el acceso y la proliferación de la información. No obstante, los mecanismos tradicionales para regular la información no han evolucionado al mismo ritmo que aquellos utilizados para difundirla.

---

[84] Proceso explicado en el capítulo anterior.

Sin embargo, podría argumentarse en respuesta que el mundo siempre ha estado inundado de información y desinformación. Aunque esto es cierto, en tiempos pasados las autoridades educativas al menos tenían la capacidad de seleccionar qué información formarían parte del currículo académico, regulando así el contenido establecido como *legítimo*. Sin embargo, "la situación actual," menciona Howard Gardner, en el libro *The Disciplined Mind,* "en la que todo el mundo tiene acceso instantáneo a millones de fuentes, no tiene precedentes".[85]

Además, cabe mencionar, que el hecho de que hoy día tengamos fácil acceso a la información, no implica que el contenido sea distribuido de forma proporcional entre los usuarios. En el libro *The Long Tail,* Chris Anderson argumenta que una parte significativa del contenido consumido en línea, ya sea música, libros, películas, videos, etc., no se distribuye de manera uniforme, sino que se concentra en una élite particular. Así lo estipula Astra Taylor; "En 1986, hubieron 30 canciones número uno interpretadas por *29 artistas diferentes*; ya para el 2008, *6 artistas* eran responsables de casi la mitad de las 76 que habían alcanzado el número uno".[86]

---

[85] (Gardner, 1999, p. 44)

[86] (Taylor, 2014, p. 124)

En otras palabras, a pesar de la abundancia de contenido disponible, las personas tienden a consumir lo que las plataformas les sugieren. Por tanto, en cierta manera, existe un tipo de "regulación de información" que está controlada por algoritmos. Sin embargo, esta regulación no se basa en la legitimidad del contenido, sino en lo que los algoritmos tienden a priorizar.

Lo que se desprende de este análisis es que el aumento exponencial en el acceso a la información ha llevado a la decadencia de varios componentes esenciales de la sociedad. Esto abarca la reducción de la capacidad de concentración en las personas, el deterioro de la salud mental de los jóvenes, el declive de las habilidades sociales, y la disminución de la transmisión de valores y normas culturales que durante mucho tiempo han actuado como un elemento unificador en la sociedad.

Para desarrollar ciudadanos racionales y funcionales en una sociedad democrática, no es suficiente con la transmisión de disciplinas académicas. La capacidad y la disposición de seleccionar *deliberadamente* lo que pretendemos consumir, y en cómo interpretar ese contenido, es una habilidad cognitiva fundamental que todos los ciudadanos deberían desarrollar. La sociedad ha evolucionado de una cultura centrada en la letra impresa a una cultura visual, pero, como se destaca en este capítulo, el sistema educativo tradicional no ha mantenido el ritmo para enfrentar las demandas de la cultura del caos mediático. *Podemos describir la cultura del caos mediático como la dispersión mental que surge de la sobrecarga de información. En otras palabras, la cultura del caos mediático es la reacción humana ante la sobreestimulación.*

Antes de entrar a considerar el tema principal de este capítulo, resulta pertinente resaltar la importancia de exponer los beneficios de la alfabetización mediática tanto en el sistema educativo como para la sociedad. De manera general, la enseñanza de la alfabetización mediática pretende aumentar la comprensión de los estudiantes sobre cómo funcionan los medios de comunicación, cómo producen significado, y cómo se organizan y construyen la realidad. Además, lo que es aún más crucial, contribuye a que los estudiantes sean capaces de evaluar con mayor precisión la *credibilidad de la información.*

Lamentablemente, la educación destinada a fomentar una comprensión informada y crítica de la naturaleza sobre los medios de comunicación, y su impacto en nuestras vidas, es limitada en el sistema educativo de Puerto Rico.[87] Así, este escrito presenta una serie de evaluaciones y justificaciones con la intención de que las comunidades educativas, tanto públicas como privadas, reflexionen sobre la importancia de integrar la alfabetización mediática en sus planes de estudios. La

---

[87] La alfabetización mediática no debe asociarse explícitamente con la instrucción de cómo utilizar las tecnologías de la información o comunicación, sino en cómo la información y el contenido transmitidos por estas afecta nuestra percepción del mundo.

alfabetización mediática implica adquirir un conjunto de conocimientos con el objetivo de proporcionar las herramientas cognitivas necesarias para dar sentido a la información a la que estamos expuestos diariamente a través de los medios de comunicación. Como bien expone Howard Gardner, "en el futuro, la persona capaz de examinar estos conjuntos de información y *determinar qué es lo que merece la pena conocer* tendrá un enorme valor en la sociedad. Aún más apreciada será la persona capaz de *sintetizar* los ámbitos de conocimiento en expansión exponencial, de modo que la información vital pueda ponerse a disposición del ciudadano de forma útil".[88]

ALFABETIZACIÓN MEDIÁTICA VS. REDES SOCIALES

En la actualidad, comprendemos que la alfabetización es esencial para el bienestar de un individuo. Sin embargo, no es *suficiente* para el progreso en las sociedades industrializadas modernas. Aunque se define como una persona alfabetizada a aquella que sabe leer y escribir, el *analfabetismo funcional* se refiere a aquellas personas que, a pesar de tener la capacidad de leer, enfrentan dificultades para comprender lo que leen. Con el fin de ofrecer una visión más completa de las diversas etapas de lectura y las características asociadas a cada una de ellas, a continuación, se presenta el modelo desarrollado por Jeanne S. Chall.

---

[88] (Gardner, 1999, p. 53)

Tabla 1.

Etapas de Desarrollo de la lectura de Jeanne S. Chall

Etapa	Edad (Aproximado)	Características y dominios al finalizar la etapa
Etapa 0: Pre lectura	6 meses - 6 años	El niño "simula" leer, cuenta la historia al mirar las páginas de un libro que le leyeron previamente. Reconoce algunos signos. Juega con libros, lápices y papel.
Etapa 1: Lectura inicial y decodificación	6-7 años	El niño aprende la relación entre letras y sonidos, así como entre palabras impresas y habladas.
Etapa 2: Confirmación y fluidez	7-8 años	El niño lee historias simples y familiares con creciente fluidez.
Etapa 3: Lectura para aprender lo nuevo.	9-13 años	La lectura se utiliza para aprender nuevas ideas, adquirir nuevos conocimientos, aprender nuevas actitudes.
Etapa 4: Múltiples perspectivas	15-17 años	Leyendo ampliamente una amplia gama de materiales complejos, con una variedad de perspectivas.
Etapa 5: Construcción y reconstrucción	18 años o más	La lectura sirve para integrar el conocimiento propio con el de los demás, sintetizarlo y crear nuevo conocimiento.

*Nota. Adaptado de Chall (1983).

Cabe mencionar, que solo entre el 3 y el 4 por ciento de la población alcanza la etapa más alta de lectura (etapa 5).[89] Así mismo, el 43 por ciento de aquellos que permanecen en una etapa de lectura inferior a la etapa 3 se hallan en situación de pobreza. Sin embargo, solo el 4 por ciento de aquellos que alcanzan la etapa 5 se encuentran en situación de pobreza.[90]

Esto deja claro que la capacidad de alcanzar una etapa elevada de lectura, con el fin de ser críticos a la hora de tomar decisiones, está positivamente relacionada con el bienestar de vida de una persona. Por dicha razón, han habido varios reclamos insistentes sobre las repercusiones de este asunto por parte de los padres, los consejos escolares y otros miembros de la comunidad educativa en diversos planteles escolares en los Estados Unidos. Estos exigen "a las escuelas urbanas que cumplan unos estándares elevados, que aumenten el rendimiento académico y que rindan cuentas de los logros de los estudiantes".[91] En otras palabras, en cierta manera, ciertos sectores de la comunidad educativa reconoce que poseer la capacidad de alcanzar una etapa elevada de lectura es una herramienta vital para un mejor bienestar y para batallar con las repercusiones de la sociedad mediática. No obstante, bajo los retos de la cultura del caos mediático, saber leer y escribir

---

[89] (Sagan, 1996, p. 357)

[90] (*Ibid.*, p. 358)

[91] (Murtadha-Watts, 2001, p. 105)

79

no es suficiente para hacer frente al tsunamis informático. Hoy día, aproximadamente, la mitad de la población mundial posee un teléfono inteligente,[92] pero al mismo tiempo, debemos asegurarnos de que tengan la capacidad cognitiva de *interpretar, criticar, y hacer sentido* del contenido que consumen a través de estos dispositivos electrónicos.[93]

EL CAMINO AL PENSAMIENTO CRÍTICO

En 1960, el teórico de comunicación Marshall McLuhan argumentó que sin una comprensión crítica de los medios de comunicación, no podemos esperar alcanzar una conciencia contemporánea del mundo en el que vivimos. McLuhan ofreció una visión muy cercana a las tendencias sociales que se reflejan hoy día en la cultura del caos mediático. Para comprimir este amplio concepto sobre la alfabetización mediática, es útil una definición precisa:

> La alfabetización mediática se ocupa de ayudar a los estudiantes a desarrollar una comprensión informada y crítica de la naturaleza de los medios de comunicación de masas, las técnicas utilizadas por ellos y el impacto de estas técnicas. Más concretamente, es una educación que pretende

---

[92] (Centeno, 2024)

[93] El hecho de que tengamos (o pensemos que tengamos) libre albedrío, no implica que nuestros actos o elecciones sean *deliberados*. Para más información sobre este planteamiento véase el libro *Contagious Choices: Why Humans Decide With Their Noisy Emotions* (Valentín, 2022).

aumentar la comprensión de los estudiantes sobre cómo funcionan los medios de comunicación, cómo producen significado, cómo se organizan y cómo construyen la realidad.[94]

La literatura centrada en la alfabetización mediática ha investigado cómo estos programas contribuyen a que los estudiantes mejoren el análisis e interpretación de mensajes transmitidos por los medios de comunicación, además del desarrollo de destrezas y aptitudes como la escritura y lectura crítica.[95] Un estudio longitudinal realizado en San Francisco "demostró que las habilidades de pensamiento crítico y creativo de los estudiantes aumentaron de forma significativa tras su participación en un plan de estudios de alfabetización mediática".[96] Luego de ser expuestos a programas de alfabetización mediática, los estudiantes suelen salir del aula con otra mentalidad sobre cómo interpretar el contenido que se difunde por medio de la televisión y las redes sociales.

Cabe mencionar que, como educador a nivel universitario, he observado que muchos estudiantes suelen tener una comprensión de cómo manejar las redes sociales y aplicaciones de mensajería instantánea. Sin embargo, al enfrentarse a la tarea de dar sentido al contenido que consumen a través de sus

---

[94] (National Association for Media Literacy Education citado en Baker, 2010, p. 141)

[95] (Johnson-Towles y Shessler, 2005, p. 10)

[96] (Baker, 2010, p. 143)

teléfonos inteligentes, frecuentemente se refleja que absorben y aceptan dicho contenido sin cuestionarlo ni analizarlo de manera crítica. De igual manera, en numerosas ocasiones, la desinformación se ha asumido como "hechos", y portales personales, carentes de referencias que respalden opiniones personales, se han considerado como "pruebas" contundentes.

Aunque las plataformas mediáticas han aportado numerosos beneficios a nuestro entorno cotidiano y profesional, parece que ni el sistema educativo ni el Estado reconocen que estas tecnologías mediáticas también pueden tener impactos perjudiciales en el bienestar social. Aunque es innegable que la educación debe adaptarse a los cambios generacionales y culturales, esto no necesariamente implica que debamos adoptar las tecnologías emergentes sin reflexionar sobre sus posibles repercusiones a largo plazo. Como componente esencial del currículo académico contemporáneo, es crucial inculcar una actitud escéptica y crítica hacia los productos digitales que se presentan como "redes sociales". Estas plataformas, en realidad, son plataformas de comparación social desarrolladas por empresas multinacionales con el objetivo de lucrarse gracias a la información compartida de manera voluntaria por parte de sus usuarios.

Como señala Astra Taylor en su libro *The People's Platform: Taking Back Power and Culture In the Digital Age*, la razón por la cual las redes sociales han tenido éxito es que este modelo no se basa específicamente en que los usuarios compren productos por medio de estas plataformas, sino en que "los usuarios son el producto".[97] En otras palabras, la razón por la que estas plataformas sociales han adquirido un valor extraordinario en el mercado se debe, en gran parte, a que millones de personas las utilizan para compartir información personal, pero también porque estas plataformas tienen la capacidad de rastrear los hábitos de consumo de sus usuarios. Esta colaboración masiva, sin ningún tipo de remuneración monetaria, es lo que ha llamado la atención de diversas compañías de análisis y comercialización de datos que se lucran de esta información.

Estas compañías[98] de análisis y comercialización de datos adquieren un acceso directo al celular por medio de códigos de programación instalados en las aplicaciones llamados *software development kits* (SDK). "Una vez que se descarga e instala la aplicación en un celular, quien creó el código (SDK) tiene acceso directo a una cantidad enorme de información, dependiendo de qué aplicación se trate. A veces puede entrar mientras la aplicación esté abierta, mientras que en otros casos basta con que el celular esté encendido."[99] Esta es una de las

---

[97] (Taylor, 2014, p. 14)

[98] Entre estas empresas se encuentran, pero no se limitan a: Near, Mobilewalla, X-Mode, SafeGraph, entre otras.

[99] (Muñoz, 2023, p. 129)

razones principales por la que la mayoría de las aplicaciones son gratuitas. No obstante, los SDK pueden ser utilizados para integrar diversas funcionalidades específicas en las aplicaciones móviles, pero, como se ha evidenciado en diversos casos legales,[100] también pueden ser utilizados para recopilar datos o realizar otras acciones según la programación de la empresa que proporciona el SDK.

Así mismo, aunque los servicios disponibles a través del Internet parecen ser "democráticos" al permitir que prácticamente cualquier persona venda o compre productos a nivel internacional, las políticas que rigen el sistema han demostrado ser contrarias a los valores democráticos. Por ejemplo, la Carta de Derechos de Privacidad del Consumidor fue legislada para proteger la información personal y evitar su venta a otras empresas. Sin embargo, a pesar de algunos avances en los últimos años, como los intentos de estandarizar las funciones *"Do Not Track"* en los navegadores de Internet, para evitar el intercambio de datos personales que es uno de los recursos más valiosos en el mundo digital, todavía se siguen vendiendo prácticamente sin regulación.[101] Por ende, sería natural inferir, que con excepción de autores y eruditos

---

[100] "Una compañía de venta de datos tuvo acceso a la aplicación de citas homosexuales Grindr y luego vendió esos datos a una agencia católica de noticias que por medio del análisis de geolocalización pudo determinar qué sacerdotes, con nombre y apellido, tenían encuentros homosexuales secretos... entre 2018 y 2020" (Boorstein y Shi, 2021, citado en Muñoz, 2023, pp. 130-131).

[101] (Taylor, 2014, pp.186-187)

que han investigado y escrito sobre este dilema, en general, no se ha prestado suficiente atención a las consecuencias de estas tecnologías de comunicación en lo que consideramos una sociedad democrática.

Como se mencionó anteriormente, tanto el Estado como el sistema educativo contemporáneo parecen no reconocer la importancia de incluir el currículo de alfabetización mediática, el cual promovería el pensamiento crítico sobre los medios de comunicación masiva en los estudiantes. En resumen, es importante destacar que sin un currículo que nos proporcione las herramientas cognitivas-críticas para comprender la información, la adopción de tecnologías, aunque beneficiosas en algunos aspectos de nuestras vidas, podría simultáneamente llevarnos hacia el deterioro social.

En un mundo de mensajería instantánea y exceso de información, pero sin análisis, podemos, si no tenemos cuidado, adoptar una visión superficial y egocéntrica del mundo. Un mundo en el que nadie parece tener la concentración o el tiempo necesario para asimilar más de 200 palabras. A menos que mantengamos la disciplina necesaria para ser prudentes y críticos en la utilización de estas tecnologías, corremos el riesgo de caer en la esclavitud voluntaria ante empresas multimillonarias. "No es la religión el opio del pueblo, como sugirió Karl Marx, sino el teléfono inteligente".[102]

---

[102] (Handy, 2015, p. 60)

CAPÍTULO 9

LA FINALIDAD DE LA EDUCACIÓN

En su obra titulada *Life is in the Transitions: Mastering Change at Any Age,* Bruce Feiler explora el fascinante tema del cambio y la transición a lo largo de la vida. Feiler sostiene la idea de que las transiciones son inevitables, y destaca que la habilidad para adaptarse a ellas es esencial para experimentar una vida plena y significativa. En lugar de ver las transiciones como obstáculos, Feiler aboga por abrazarlas como momentos cruciales para reflexionar, aprender y reinventarse. Otros destacados autores como Cal Newport,[103]

---

[103] (Newport, 2012)

Arthur C. Brooks[104] y Charles Handy,[105] han expresado argumentos similares. Tradicionalmente, se ha difundido la idea—podríamos decir incorrecta—de que la vida sigue una trayectoria metafóricamente lineal. Esta concepción implica que simplemente nacemos, alcanzamos la adultez, nos dedicamos a una profesión, formamos una familia y, eventualmente, nos retiramos. Sin embargo, en la realidad del siglo XXI, queda claro que "lo que parece seguro es que las viejas soluciones ya no funcionan. La mayoría de las viejas estructuras de las organizaciones pronto habrán dejado de ser útiles".[106]

Investigadores de la Universidad de Oxford indican que el 47% de los puestos de trabajo actuales serán sustituidos por computadoras o inteligencia artificial en las próximas dos décadas.[107] Además, socialmente, "un sinfín de fuerzas sin precedentes están reconfigurando la vida contemporánea, sin embargo, las técnicas que utilizamos para dar sentido a nuestras vidas no han seguido el mismo ritmo. Las transiciones son cada vez más frecuentes, pero nuestras

---

[104] (Brooks, 2022)

[105] (Handy, 2015)

[106] (Handy, 2015, p. 50)

[107] (*Ibid.*, p. 37)

herramientas para afrontarlas no han cambiado al mismo ritmo".[108]

En otras palabras, la soluciones para muchos problemas del pasado ya no son eficientes ante los retos desalentadores del siglo XXI. Debemos comprender que "el mundo ya no se atiene a mandatos predecibles y lineales, que en muchas circunstancias, dominaban el pasado. En su lugar, la vida está llena de caos y complejidad, períodos de orden y desorden".[109]

En el libro *Failure by Design: The Story Behind America's Broken Economy*, Josh Bivens describe que "la expansión económica de 2001 a 2007 fue una de las más débiles jamás registradas en prácticamente todos los aspectos para los trabajadores estadounidenses". Además, enfatiza Bivens, que "los ingresos familiares crecieron, en promedio, menos de .5% entre 2000 y 2007".[110] Es decir, la clase trabajadora dedicaba extensas jornadas laborales sin apenas experimentar incrementos significativos en sus ingresos.

En un intento por sobrevivir financieramente, la clase trabajadora empezó a recurrir a préstamos con garantía hipotecaria. Dado que el valor de las residencias mostraba un aumento aparente, los deudores optaron por solicitar préstamos respaldados por el valor de sus propiedades.

---

[108] (*Ibid.*, p. 12)

[109] (Feller, 2020, pp. 14–15)

[110] (*Ibid.*, p. 13)

En este tipo de acuerdo financiero, el monto del préstamo está determinado por el valor de la propiedad. Pero esta estrategia solo era una ilusión temporera de poder generar el ingreso que el mercado laboral fracasaba en brindarle a la clase trabajadora. "Una vez el valor de las viviendas dejó de aumentar, ya no había más capital que extraer".[111]

La crisis económica de 2008 se originó en Estados Unidos, donde el incremento en los embargos de viviendas sirvió como detonante para este desastre financiero.[112] La idea bien establecida de que las propiedades son un activo que continúa aumentando de valor a través del tiempo, de la noche a la mañana se convirtió en un mito económico. Igualmente, la percepción de que poseer un título académico garantiza un empleo seguro, lo suficiente para mantener una familia y adquirir una hipoteca, se desvaneció con las transformaciones económicas del siglo XXI.

En otras palabras, las expectativas sociales del pasado se han convertido en delirios para la sociedad contemporánea. Incluso, la literatura curricular[113] tiende a inclinarse a favor de que tanto el currículo, como el propio docente, debe

---

[111] (*Ibid.*, p. 14)

[112] (Bivens, 2011)

[113] Véase (Hayes, 2010; Taba, 1962; Villarini, 1996)

"adaptarse"[114] a los cambios sociales y culturales para mantener una educación vinculada a la realidad social. No obstante, como se detalló al principio de este libro, la metodología de la enseñanza es relevante hasta cierto punto. Sin embargo, lo que debemos considerar es reconocer cómo los cambios sociales han influido y modificado los *fines* (la esencia) de la educación.

El discurso sobre la innovación curricular, mayormente, se centra en *cómo* se debe enseñar o transmitir el contenido. El *"cómo"* de la educación es relevante y necesario, pero no ataca el problema fundamental: el *contenido* de la educación. La raíz del problema recae en el *contenido* educativo. Es decir, *¿qué* se debe enseñar y *por qué?* ¿Cuál es la utilidad de un sistema educativo el cual transmite conocimientos que son *irrelevantes* para atacar los problemas y dilemas característicos de la cultura del caos mediático? Si un currículo académico no se centra en satisfacer necesidades sociales específicas para cultivar individuos críticos, aunque sea eficiente en la transmisión de ciertos conocimientos, carecerá de relevancia para el progreso social. Sin embargo, las instituciones educativas, ya sean privadas o públicas, han mostrado cierta

---

[114] Es poco realista considerar que el sistema educativo pueda "adaptarse" a los cambios sociales, ya que en el siglo XXI lo que prevalece no son solo los cambios, sino el cambio *constante*. A medida que las tendencias sociales y tecnológicas sigan evolucionando rápidamente, la adaptación se vuelve una habilidad prácticamente irrealizable. Véase *The Future Shock*, de Alvin Toffler.

resistencia a la hora de modificar o renovar el marco curricular (la finalidad de la educación).

Por ejemplo, para el 2020, un suceso inesperado, obligó, de manera abrupta, a "reformar"[115] el sistema educativo. La pandemia por el Covid-19 representó un desafío para las instituciones académicas, llevándolas a modificar la forma en que impartían sus cursos. Para prevenir el contagio, la educación pasó de ser presencial a la modalidad virtual. Sin embargo, en pocas instancias nos percatamos de que, aunque el *"cómo"* de la educación fue modificado, el *"qué"* permaneció estático. Es decir, se cambió el *método* de enseñanza pero no el *contenido*. La crisis desencadenada por la pandemia proporciona un ejemplo de la resistencia al cambio por parte del sistema educativo en general.

Durante ese período, tuve la oportunidad de participar en un conversatorio en la Universidad Interamericana de Puerto Rico, recinto de San Germán, titulado: *Conversatorio sobre la Transformación de la Educación por la Pandemia.*[116] Uno de los panelistas fue el Dr. César A. Rey-Hernández, Catedrático de la Escuela Graduada de Administración Pública de la Facultad de Ciencias Sociales de la Universidad de Puerto Rico, Recinto

---

[115] Se escribe entre comillas, ya que, como veremos, no representó un esfuerzo por innovar la educación, sino más bien una reacción a una crisis con el objetivo de mantener un sistema obsoleto.

[116] Disponible en YouTube (InterSG1912, 2022)

de Río Piedras.[117] A través de su presentación titulada *De Pandemias, Paradigmas y Educación*, el Dr. César Rey-Hernández, brindó excelentes aportaciones incluyendo argumentos de autores como Byun-Chun Han y George Orwell. Mientras expresaba la importancia de enfrentar los desafíos de la pandemia, destacó que *"las cosas, como han pasado, nos han marcado para bien. Ya la universidad no es la universidad medieval, no es la universidad del Siglo XIX, no es la universidad del Siglo XIX, es una universidad con nuevos retos"*.

Desde mi perspectiva, interpreto que cuando el panelista menciona que *"las cosas como han pasado, nos han marcado para bien"*, se refiere a que la comunidad educativa se vio obligada a enfrentar las demandas imprevistas generadas por la crisis de la pandemia y, según él, estas situaciones han tenido un impacto positivo. Pero la transformación de la educación no fue realmente un esfuerzo por innovar el sistema, sino que fue una *reacción* a una crisis, con el fin de mantener un sistema *obsoleto* como "funcional". Aunque el *método* de enseñanza fue *temporalmente* modificado (ya que, al momento de escritura, la mayoría de las clases han vuelto a ser presenciales), el *contenido*, que es la base de la educación, permaneció estático.

Por ende, lo que debemos preguntarnos es: *"¿Por qué se esperó a una pandemia para intentar innovar el método de enseñanza?"* Y esa fue la pregunta que le formulé al Dr. César

---

[117] El Dr. Rey también fue Secretario del Departamento de Educación de Puerto Rico.

Rey-Hernández durante la sesión de preguntas y respuestas. El profesor expuso: *"Yo creo que aunque parezca irónico, muchas veces, en las universidades, los cambios toman más tiempo que en el resto de la sociedad. Se tiene que pasar por un senado académico. Yo conozco de reformas educativas que se han tardado diez años... Estamos siendo reactivos y no estamos siendo proactivos. Se esperó porque nosotros como sociedad somos más reactivos que proactivos, esperamos el golpe para pensar que hay que buscar otras alternativas; es una realidad, desgraciadamente".*

Si una reforma educativa puede tomar una década en contextualizarse, esto nos hace dudar y reconsiderar si realmente el sistema está atemperado al siglo XXI. A nivel personal, me parece que su respuesta no solamente proveyó un espacio de reflexión, sino de advertencia sobre la realidad, que él mismo consideró, desgraciada. El próximo capítulo explora la relevancia de fomentar una actitud de aprendizaje continuo a lo largo de toda la vida, independientemente del enfoque del sistema educativo.

CAPÍTULO 10

ESCOLARIZACIÓN VS. EDUCACIÓN

E l objetivo principal de este capítulo radica en argumentar que, este libro no descarta la creencia de que la calidad del sistema educativo de un país es un determinante clave para el progreso social—pero al mismo tiempo es una expectativa poco realista asumir que el sistema educativo debe ser la *única* vía para formar individuos educados. Incluso, es necesario reconocer que no podemos desafiar los hábitos banales propiciados por la cultura del caos mediático sin antes percatarnos de que el sistema educativo, en muchas instancias, reproduce estas tendencias sociales.[118] En palabras simples, es vital hacer la distinción entre *educación* y

---

[118] (Illich, 1970, p. 38)

escolarización. Para el 1970, Ivan Illich publicó un libro titulado *Descolarizando la Sociedad.* En esta obra, Illich critica el sistema educativo tradicional y aboga por la desescolarización de la sociedad. Uno de los argumentos principales que Illich plantea se basa en que una vez el sistema educativo se comercializó, en lugar de buscar una verdadera educación, se redujo a promover escolarización. Escolarización implica la obtención de un credencial académico que evidencia ciertos conocimientos y habilidades. Para Illich, una vez hemos internalizado la necesidad de la escuela, y hemos desacreditado el autodidacta, cualquier actividad realizada por una persona *sin un credencial académico* se convierte en sospechosa.

"En la escuela se nos enseña que el aprendizaje valioso es el resultado de la asistencia, que el valor del aprendizaje aumenta con la cantidad de aportaciones plasmadas en un examen y, por último, que el aprendizaje puede medirse y documentarse mediante grados y certificados".[119] Esto no implica que aspirar a un grado académico sea perjudicial, pero resulta incoherente cuando se persigue un credencial académico únicamente con el propósito de obtener cierto poder o reconocimiento.

Según Mortimer Adler "la *escolarización* de una persona no completa su *educación.* El simple hecho es que las instituciones

---

[119] (Illich, 1970, p. 39)

educativas, incluso en su mejor momento, no pueden formar hombres y mujeres completamente educados."[120]

Si una persona obtiene un título universitario pero después de graduarse no busca seguir el proceso continuo de aprendizaje, técnicamente fue escolarizado pero no educado. "La educación es un proceso de toda la vida, mientras que la escolarización es solo una parte reducida, pero necesaria. Las distintas etapas de la escolarización alcanzan puntos finales. Pero el aprendizaje nunca alcanza un punto final. Mientras uno permanezca vivo y saludable, el aprendizaje *debe* continuar."[121] La escolarización es la etapa preparatoria, en donde se supone que la persona adquiera los hábitos para seguir aprendiendo independientemente del sistema educativo. Por ende, el proceso que no prepare a la persona a continuar aprendiendo, literalmente ha fracasado en formar una persona educada.[122]

Por medio del sistema educativo tradicional, hemos internalizado la noción equivocada de que el aprendizaje solo ocurre dentro de una institución formal. Es decir, que si queremos aprender una destreza, presumimos que tenemos que depender de una institución, y si no tenemos un credencial no consideramos que tenemos el conocimiento o las destrezas.

---

[120] (Adler, 1982, p. 9)

[121] (*Ibid,* p. 10)

[122] (*Ibid.,* 1982)

En la actualidad, somos testigos de este mito sobre la escolarización. Por ejemplo, es probable que en algún momento hayas tenido que asistir a uno o varios talleres de desarrollo profesional. No obstante, dos semanas después del taller, pocos recuerdan al menos dos conceptos que se discutieron en el adiestramiento.

Esto sucede porque "una vez que una persona ha aceptado la necesidad de asistir a la escuela, se vuelve un producto atractivo para otras instituciones. Y una vez que los jóvenes han permitido que su imaginación sea moldeada por la instrucción curricular, quedan condicionados a la planificación institucional en diversos ámbitos".[123] Dicho de otro modo, las escuelas requieren de maestros con certificaciones para graduar a estudiantes con certificaciones. Y de la misma manera, aplicamos esta mentalidad en diferentes sectores de nuestras vidas.

Si queremos aprender a editar audio y video, presumimos que tenemos que matricularnos en Full Sail University y si deseamos aprender a tocar un instrumento, sin duda, Berklee College of Music es la mejor opción. Ahora, la mayoría de los planteamientos principales de Ivan Illich continúan relevantes en el siglo XXI, sin embargo, sufre de una falla que muy probable Illich nunca imaginó.

---

[123] (Illich, 1970, p. 39)

EL PROBLEMA SOBRE EL APRENDIZAJE INDIVIDUAL

La falla principal en la tesis de Ivan Illich reside, en que él confiaba en que un sistema educativo autónomo—en donde el propio estudiante tuviera control sobre el proceso de aprendizaje—sería un método eficiente. Para lograr esto, sugirió un sistema de conexiones que llamó *"Learning Webs"*, una plataforma donde las personas podrían interactuar entre ellas y compartir conocimientos. Dicho de otra manera, en 1970, Ivan Illich imaginaba que una red de conexiones, similar a lo que hoy conocemos como el Internet, sería de gran beneficio para que las personas pudieran dirigir su propio aprendizaje.

Y no hay duda que el Internet ha sido una gran herramienta de aprendizaje para cientos de personas. Hoy en día, disponemos de docenas de plataformas donde podemos dedicar tiempo a aprender y desarrollar diversas habilidades de forma gratuita. Incluso en YouTube, hay una categoría que se llama StudyTube. StudyTube, a veces referido como EduTube, es un grupo informal de creadores de contenido en YouTube cuyo contenido se centra en estudiar en línea, y en brindar técnicas de cómo estudiar de una manera más eficiente. Pero según los datos disponibles, la atención de las masas se dirige hacia otros intereses. Los canales con más suscriptores en YouTube, por ejemplo, están centrados en el puro entretenimiento. Uno de los canales más suscritos en YouTube es MrBeast, con 243 millones de suscriptores en

2024. Sus videos van desde llenar una piscina de cereal hasta intentar comerse la pizza más grande del mundo.

Como se mencionó en el primer capítulo, una sociedad sin control sobre el flujo de información hace a los ciudadanos vulnerables al parálisis por análisis, ya que la sobre exposición a la información, eventualmente, nos hace menos aptos para tomar decisiones claras y racionales. En otras palabras, es poco realista imaginar que la mayoría de las personas tendrán la disposición y la fuerza de voluntad para utilizar los dispositivos digitales con el fin de dirigir su propio proceso de aprendizaje.

Por ejemplo, en su libro *Irresistible: The Rise of Addictive Technology and the Business of Keeping Us Hooked*, Adam Alter explora cómo la tecnología moderna, especialmente en forma de dispositivos digitales y aplicaciones, ha sido diseñada para ser irresistible y potencialmente adictiva. El autor argumenta sobre cómo la tecnología moderna, a través de su diseño deliberado para capturar y retener nuestra atención, ha generado una cultura de dependencia y adicción.

Durante décadas, los neurocientíficos creían que solo las drogas y el alcohol podían inducir la adicción. Pero investigaciones más recientes han demostrado que podemos volvernos adictos a *comportamientos*. En otras palabras, no solo podemos volvemos adictos al whisky o a la nicotina, sino también a los videojuegos y a recibir *"likes"* en las redes sociales. "Las drogas y los comportamientos adictivos activan el mismo centro de recompensa en el cerebro. En ambos casos, varias regiones profundas dentro del cerebro liberan una sustancia llamada dopamina que se adhiere a receptores en todo el cerebro, generando a su vez una intensa sensación de placer".[124] Por tal razón, depender en que las personas dirijan su propio proceso de aprendizaje, a mi modo de ver, es una idea utópica en una cultura dominada por la gratificación instantánea.

La gratificación instantánea se ha vuelto la norma. Sentimos que no tenemos tiempo para leer un libro, pero una persona promedio consume aproximadamente 100,500 palabras en un día promedio.[125] "En lugar de aprender a vivir en el mundo real de comunicarse con personas y en ocasiones experimentar aburrimiento, se nos ofrece un mundo de pantallas para experimentar el placer constante. Cada vez hay más estudios que demuestran los efectos adversos del tiempo frente a la pantalla, tanto en el cerebro como en el desarrollo social y emocional..."[126] "Para eso del 2000, antes de que los teléfonos portátiles y las aplicaciones de las computadoras fueran tan populares, el lapso de atención promedio de una persona era doce segundos".[127] Hoy día este lapso ha bajado un

---

[124] (Alter, 2017, p. 71)

[125] (Wolf, 2016, p. 154)

[126] (Chapman y Pellicane, 2014, p. 30)

[127] *Ibid.*

40%.[128] No hay duda de que los videos más populares en el Internet son de corta duración y con propósitos de entretenimiento. La gratificación instantánea se ha transformado en la norma social.

Hemos discutido previamente que la escolarización no es equivalente a educación y que el sistema educativo no debe ser considerado como la vía esencial para convertirnos en individuos educados, sino como un punto de partida. (En el epílogo, se exploran estrategias sobre cómo estructurar nuestras vidas para transformar el proceso de aprendizaje en un hábito integral).

Adicionalmente, hemos sostenido que la visión de Ivan Illich, quien imaginaba un futuro donde las personas podrían dirigir su propio proceso de aprendizaje mediante una red de comunicaciones, como lo es el Internet hoy día, ha tenido un impacto inesperado. En la actualidad, observamos que la atención de la mayoría se orienta mayoritariamente hacia contenidos de entretenimiento en lugar de centrarse en actividades educativas, contraviniendo así la intención original de empoderar a las personas en la búsqueda del conocimiento.

Esto, hasta cierto punto, describe la tendencia en el sistema educativo tradicional de Puerto Rico, y en algunas regiones de los Estados Unidos, de promover un proceso de enseñanza divertido, rápido y de fácil ejecución. Esto dado a

---

[128] *National Center for Biotechnology Information, U. S. National Library of Medicine,* fecha de investigación 1 de enero de 2014, citado en (Schiller, 2023).

que, como hemos observado, la cultura del caos mediático promueve la idea de que mantenernos *constantemente* entretenidos y distraídos, se perciba como la norma social.

CAPÍTULO 11

DIVIRTIÉNDONOS HASTA LA MUERTE

En 1985, Neil Postman publicó un libro que hace hincapié en la realidad social contemporánea. El escrito se titulada *Amusing Ourselves to Death: Public Discourse in the Age of Show Business*. Postman presenta una perspicaz crítica sobre la influencia de los medios de comunicación y el deterioro de la cultura. El autor compara las visiones distópicas de Orwell y Huxley[129] para argumentar que la sociedad contemporánea se ha inclinado más hacia la

---

[129] Véase *1984* de George Orwell y *Brave New World* de Aldous Huxley.

profecía de Huxley, donde la distracción y el entretenimiento se han convertido en herramientas de control social.

Postman examina cómo la cultura fundamentada en la escritura ha sido opacada por una cultura visual y analiza cómo las diversas tecnologías de comunicación influyen en el contenido y la calidad de la información. Postman plantea interrogantes esenciales acerca de cómo nuestra manera de consumir información impacta nuestra comprensión del mundo y nuestra participación cívica, resaltando las consecuencias de este cambio cultural en la democracia y la educación.

En el siglo XX, pensadores como Neil Postman y Daniel J. Boorstin ya cuestionaban los efectos secundarios de las tecnologías de comunicación. Como veremos a continuación, sin lugar a dudas, sus contribuciones adquieren una trascendencia social aún mayor en el presente.

"APRENDO MEJOR DE MANERA VISUAL"

Probablemente, en algún momento has escuchado la afirmación de que hay personas que suelen aprender de manera más eficiente a través de la visión y la audición. Prefieren ver un vídeo o escuchar un audiolibro en lugar de leer un libro impreso. Además, si has profundizado en el tema, es posible que hayas leído sobre los estilos de aprendizaje llamado VARK. VARK es un acrónimo que representa los cuatro estilos de aprendizaje principales: Visual (V), Auditivo

(A), Lectura/Escritura (R) y Kinestésico (K). Este modelo fue desarrollado por Neil Fleming y Colleen Mills en la década de 1990 como una manera de entender y clasificar las preferencias individuales de aprendizaje. No obstante, el problema reside en que los estudios indican que la preferencia por ver un vídeo en lugar de leer un libro no necesariamente garantiza un aprendizaje más eficiente. Incluso, planteo aquí que la inclinación por favorecer exclusivamente los materiales educativos en formatos de audiovisuales parece estar teniendo un impacto adverso en el proceso de aprendizaje.

Neil Fleming era un educador en Nueva Zelanda y observó que algunos profesores lograban captar la atención de los alumnos de manera más efectiva que otros. Esta observación le llevó a especular que dicha eficacia estaba relacionada con las estrategias de enseñanza empleadas en el salón de clase. Mediante un cuestionario, el método VARK determina cuál es el enfoque de enseñanza que se ajusta a las preferencias de aprendizaje del estudiante. Como se menciona en el artículo *The Myth of Learning Styles*,[130] aún no está claro porqué este método se hizo tan famoso sin primero ser estudiado empíricamente, "pero puede que tenga algo que ver con el movimiento de la autoestima a finales de los 1980 y principios de los 1990. Este movimiento aseguraba que todo el mundo era especial, así que todo el mundo debía tener también un

---

[130] (Riener et al., 2010)

estilo de aprendizaje especial".[131] Y así, a lo largo de los años, los educadores han estado difundiendo la idea de que algunas personas aprenden mejor de manera visual mientras que otros lo hacen auditivamente. Sin embargo, en muchas ocasiones, los educadores no han tenido en cuenta los estudios realizados para evaluar la eficacia del modelo VARK.

En un estudio publicado en la revista *Anatomical Sciences Education*,[132] los autores administraron el cuestionario VARK a cientos de estudiantes, para determinar qué método de aprendizaje era el "adecuado" (o, más precisamente, el preferido) para cada uno de ellos. Después de completar el cuestionario, se les proporcionaban estrategias de estudio específicas, según los resultados, adaptadas al estilo de aprendizaje de cada estudiante. No obstante, los autores encontraron que aquellos que estudiaban de acuerdo con su estilo de aprendizaje preferido no obtenían mejores resultados en los exámenes en comparación a los no estudiaban de acuerdo al método VARK.

Otro estudio publicado en el *British Journal of Psychology*,[133] reveló que los estudiantes que optaban por el aprendizaje visual, mediante el uso de imágenes o videos, tenían la *impresión* de que recordarían mejor las imágenes, y

---

[131] (Khazan, 2018, párr. 5)

[132] (Husmann y O'Loughlin, 2019)

[133] (Knoll, et al., 2017)

aquellos que mostraron preferencia por el aprendizaje verbal asumieron que recordarían mejor las palabras. Sin embargo, estas preferencias no mostraron correlación con lo que los participantes recordaron realmente después del experimento. Esto indicaba simplemente que algunas personas tenían una inclinación hacia las palabras, mientras que otras preferían las imágenes, sin que esto influyera necesariamente en su capacidad para recordar de manera más efectiva las palabras o la información transmitida por medio de imágenes. Dicho de otro modo, el hecho de que prefieras escuchar un audiolibro, porque requiere menos esfuerzo al que requiere leer un libro impreso, no garantiza que vayas a recordar o comprender el contenido con mejor eficacia. De manera similar, tener una preferencia por un método sobre otro no implica automáticamente que facilitará el proceso de aprendizaje.[134]

En la actualidad, tendemos a asumir que las clases deben ser breves e incluir elementos visuales, vídeos y sonidos para resultar atractivas y divertidas para los estudiantes. Estas investigaciones y planteamientos nos invitan a reflexionar sobre el mito de que la generación contemporánea es intrínsecamente "visual" o "auditiva" y que tienen preferencia por el *multitasking* en lugar de realizar tareas de forma secuencial.

---

[134] Derek Muller y Petr Lebedev llevaron a cabo una destacada síntesis de este tema, titulada *"The Biggest Myth In Education"*. Véase (Veritasium, 2021).

Por ende, la preferencia por un método sobre otro no garantiza necesariamente que dicho método te facilitará el proceso de aprendizaje. Incluso, "alguien podría argumentar que los rápidos métodos de adquisición y la constante disponibilidad de la información que ofrece el Internet superan ampliamente cualquier efecto negativo que este pudiera tener sobre nuestro cerebro".[135] De acuerdo con Pablo Muñoz, en su libro *Apaga el celular y enciende el cerebro*, "se ha demostrado que una búsqueda de información en el Internet no conduce necesariamente a recordar e integrar los conocimientos adquiridos en línea".[136]

En un estudio publicado en el cuaderno de investigación *The European Journal of Neuroscience*, se investigó el impacto del Internet en la memoria. El estudio comparó dos grupos de personas enfocados en buscar la misma información, uno utilizando el Internet y otro consultando libros físicos, con el objetivo de determinar cuál de los dos grupos retuvo más información. El estudio señala que el grupo de personas que buscó información a través del Internet logró encontrarla en menos tiempo. Sin embargo, aquellos que recordaron con mayor eficacia fueron los que buscaron la información mediante libros impresos.[137] Una vez más, estos resultados nos

---

[135] (Muñoz, 2023, p. 44)

[136] *Ibid.*

[137] (Dong y Potenza, 2015)

sugieren que el método que aparenta ser más adecuado o entretenido no garantiza necesariamente que será beneficioso para el aprendizaje.

Frecuentemente, he escuchado la afirmación de que las tecnologías son neutrales y que su impacto depende de cómo las utilizamos. Sin embargo, esta noción resulta engañosa, ya que actualmente comprendemos que la constante disponibilidad de información proporcionada por las tecnologías de comunicación, como los teléfonos inteligentes, nos expone a la sobrecarga de información, haciéndonos vulnerables a estar distraídos constantemente. Así mismo, cuando poseemos una predisposición a la sobrecarga de información, al mismo tiempo, nos volvemos menos conscientes en decidir cómo utilizar estas tecnologías, las cuales están diseñadas para fomentar las adicciones conductuales.[138]

Desde un punto de vista neurológico, una persona adicta al *gambling*, técnicamente, no posee la fuerza de voluntad de decidir parar de jugar sin asistencia profesional. Y sería natural inferir que, para muchas personas hoy día, la posibilidad de estar conectadas virtualmente se ha convertido en una *necesidad compulsiva*. Es relevante señalar que las comodidades proporcionadas por estas tecnologías, como el teléfono inteligente, se han convertido en *necesidades*, al punto

---

[138] No obstante, en el ámbito de las redes sociales, las adicciones conductuales a menudo se disfrazan con el atractivo término de *"engagement"*.

de que el propio sistema educativo, usualmente, las considera como "vitales" en el proceso de enseñanza. Por esa razón, el mensaje central de este libro es problematizar el potencial efecto secundario de las tecnologías de comunicación en el sistema educativo y en la sociedad en general.

Hasta este momento, parece que este objetivo ha sido discutido ampliamente. Por tanto, ahora es el momento de concluir y reflexionar sobre lo que podemos hacer como individuos para combatir la cultura del caos mediático.

CONCLUSIÓN

LA EDUCACIÓN Y EL HOGAR

Laszlo Polgar, nativo de Hungría, fue un profesor que, antes de formar una familia, optó por seguir una trayectoria poco convencional. Dedicó extensas horas de estudio a la educación de prodigios en diversas disciplinas y, finalmente, plasmó sus conocimientos en un libro titulado *Criar genios*. En su libro, Laszlo describe los estilos de vida relacionados con la crianza de niños prodigios y detalla cómo incorporarlos mediante un currículo académico. Un par de años después, decidió poner en práctica estos principios con sus propias hijas: Susan, Sofía y Judit. Laszlo rechazaba totalmente la noción sobre el talento innato. Sostenía que mediante la práctica deliberada y la formación de buenos hábitos, cualquier individuo tenía la capacidad de convertirse en un experto en un área determinada. Así que Laszlo decidió educar a sus tres hijas en la comodidad de su hogar en vez de incorporarlas al sistema educativo tradicional. Además, optó por impartirles personalmente las clases en su biblioteca personal, la cual contenía más de 10,000 libros. Para Laszlo, el aspecto más crucial en la formación de un individuo es su medio ambiente, lo cual empieza con *la familia*. Muchos de nuestros comportamientos y hábitos mentales[139] se desarrollaron de manera inconsciente por medio de la crianza.

James Clear, en el libro *Atomic Habits*,[140] reseña que "no elegimos nuestros hábitos, sino que los imitamos. Cada cultura tiene sus propias expectativas y normas sociales. A menudo, seguimos los hábitos de nuestra cultura sin pensarlos, sin cuestionarlos, y, a veces, sin recordarlos".[141] Así que el hogar de Laszlo, estaba repleto no solamente de libros, sino también adornado con fotografías de los mejores jugadores de ajedrez, como parte integral de su currículo académico personal. Las niñas disfrutaban jugando entre sí y participaban en los mejores torneos de ajedrez disponibles en su pueblo. Susan, la hija mayor, comenzó a jugar a la edad de cuatro años. Sofía, la mediana, a los catorce años ya era campeona mundialmente y,

---

[139] "Hábitos mentales son habilidades cognitivas que, con la práctica, llegan a activarse automáticamente" (Kosslyn, 2017, p. 25).

[140] (Clear, 2018)

[141] (*Ibid.*, p. 115)

unos años más tarde, se convirtió en *Grand Master*. Y Judit, la más pequeña, con tan solo doce años, fue la jugadora más joven que jamás haya sido incluida entre los mejores 100 jugadores de ajedrez del mundo.[142] "Muchos de nuestros hábitos cotidianos" expone James Clear, "son imitaciones de personas a las que admiramos".[143]

Nuestros deseos y expectativas están intrínsecamente vinculados al contexto social en el que vivimos y a las personas con las que compartimos. Por ejemplo, en un estudio realizado en la década de 1950, el psicólogo Solomon Asch llevó a cabo una serie de investigaciones que resaltaron de manera significativa el impacto de la conformidad de las personas cuando se encuentran en un grupo. En este estudio, se pidió a un grupo de estudiantes que identificaran cuál línea en una imagen era la más larga o la más corta. Todos los participantes del experimento, excepto uno, eran cómplices, es decir, solo uno de ellos desconocía que los demás eran actores del estudio.

El estudio se centraba en observar la reacción del estudiante ante el comportamiento de los cómplices. En otras palabras, el objetivo de la investigación era analizar las condiciones que llevan a los individuos a mantener su independencia o a ceder ante las presiones del grupo,

---

[142] *Ibid.*

[143] (*Ibid.*, p. 121)

especialmente cuando estas van en contra de la realidad. El experimento utilizaba dos tarjetas, cada una con una serie de líneas (Figura 1). La longitud de la línea en la primera tarjeta (la de la izquierda) coincide con la de la línea C. Sin embargo, cuando el grupo de actores afirmaba que tenían longitudes *diferentes*, el participante en la investigación tendía

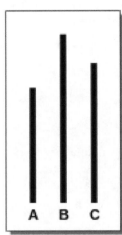

Figura 1

a cambiar de opinión y seguir a la multitud, en lugar de confiar en sus propios ojos. El estudio fue replicado con 121 participantes, y se observó que el 75% de ellos proporcionó al menos una respuesta incorrecta a las 12 preguntas, demostrando una tendencia a adaptarse a la mayoría.[144]

La investigación sugiere que cuando un individuo percibe que pertenece a un grupo, su pensamiento y comportamiento tienden a diferir de cuando se percibe como un individuo independiente. La influencia del grupo puede afectar la toma de decisiones y la percepción individual, llevando a una mayor propensión a seguir las opiniones o comportamientos predominantes dentro del grupo. Por consiguiente, si desde

---

[144] (Clear, 2018)

muy temprano en la crianza somos expuestos a un ambiente que rechaza hábitos como la lectura y la educación informal, pues, será poco probable que dicha persona valore estas actividades o hábitos. Laszlo y su esposa, antes de tener a sus hijas, tomaron la decisión de definir la filosofía educativa que daría forma a la vida de sus hijas, influyendo así en el tipo de personas que serían en el futuro. Por tanto, podemos preguntarnos: ¿por qué no se establecen programas educativos compulsorios para los futuros padres y madres, con el propósito de instruirlos sobre las diversas estrategias y filosofías educativas que fomentan una crianza integral? Si los derechos reproductivos promueven la libertad de los ciudadanos de propagar sus genes, también deberían promover una crianza intelectualmente integral.

Como se mencionó en la introducción de este libro, al final del día, parece poco realista depender exclusivamente del Estado para la formación de seres humanos realmente educados.[145] Es importante recordar que educar no se limita a garantizar que los jóvenes asistan a la escuela. Educar implica la formación de seres humanos íntegros, y, sin duda, para lograr esto, es esencial contar con una filosofía de vida que sirva como modelo para dirigir el desarrollo intelectual. Este libro representa un intento de proporcionar esa guía en una cultura dominada por el caos mediático.

---

[145] Educación se define aquí como el deseo de continuar aprendiendo independientemente del sistema educativo.

EPÍLOGO

CREA TU FILOSOFÍA EDUCATIVA

U no de los puntos fundamentales de este libro se centró en destacar, que dentro del dinámico paisaje del siglo XXI, la rapidez de los avances tecnológicos y sociales, exigen una mentalidad de aprendizaje continuo. Por ende, esta sección se basa en ofrecer un modelo destinado a fomentar una actitud de aprendizaje continuo como hábito de vida. El modelo que se presenta a continuación complementa la primera parte del libro, la cual se centró en exponer diversos argumentos con el fin de concientizar al lector sobre los cambios sociales y culturales derivados de los avances tecnológicos. La era del conocimiento se caracteriza por el surgimiento de nuevas disciplinas, mayormente centradas en los sistemas de información. Sin embargo, aquellos que adoptan un compromiso con el aprendizaje continuo no solo se mantienen relevantes y funcionales, sino que prosperan en este panorama de cambio constante.

Cultivar una mentalidad de crecimiento[146] se convierte en el catalizador para la adaptabilidad, permitiendo que tanto individuos como comunidades abracen las oportunidades emergentes. Este modelo, conocido como el Triángulo del Balance, se centra en integrar el aprendizaje continuo en la vida diaria. Personalmente, creo que al organizar y planificar deliberadamente nuestro día a día, podemos lograr un mayor bienestar a largo plazo.

El aspecto fundamental del Triángulo del Balance es que las actividades que incorpores en el modelo, eventualmente, se conviertan en hábitos, contribuyendo así a la formación de un estilo de vida en sintonía con tu filosofía educativa-existencial. Este modelo está diseñado para ser personalizado según los intereses y valores de cada persona. La regla fundamental es que las actividades estén adecuadamente balanceadas, de manera que ninguna domine sobre las demás, con el objetivo de crear una filosofía integral.

En última instancia, esta sección destaca un punto fundamental: la educación continua no es solo una elección, sino una *necesidad* para prosperar en la era moderna. En otras

---

[146] Véase el libro *Mindset: The New Psychology of Success*, de Carol Dweck.

palabras, este modelo puede ser considerado como un punto de partida para desarrollar las habilidades que seguramente necesitaremos para ser individuos articulados en la cultura del caos mediático.

EL TRIÁNGULO DEL BALANCE

Para el 1994, el ciudadano estadounidense promedio trabajaba aproximadamente 164 horas más que dos décadas atrás (1974). Charles Handy calculó que, de mantenerse esta tendencia, para el año 2014, el ciudadano estadounidense estaría laborando alrededor de 60 horas por semana, lo que equivale a 3,000 horas en un año.[147] Es seguro afirmar que la hipótesis de Handy se ha convertido en una realidad. Aunque existen diferentes factores que intentan explicar este aumento en las horas de trabajo, es relevante reconocer que cada era en la historia de la humanidad es dominada o influenciada por diversas tendencias y problemas sociales. Por consiguiente, situaciones y eventos que eran significativos para la Generación Silenciosa y los "Baby Boomers," por ejemplo, son hoy día ajenos para la Generación del Milenio y la Generación Z. Vivir durante una crisis económica, como la Gran Depresión de 1929, la Guerra Fría y el colapso de la Unión Soviética, fueron eventos que dejaron una huella significativa en las generaciones pasadas. Para esos grupos, estas presiones

---

[147] (Handy, 1994)

sociales llevaron a establecer prioridades y expectativas sociales muy distintas a las que enfrentan las generaciones contemporáneas.

Para la nueva generación, la vida laboral comienza mucho más tarde en comparación con las generaciones anteriores, y es muy probable que termine mucho más temprano. Esto crea una brecha entre la adolescencia y la adultez, una brecha que las generaciones pasadas difícilmente experimentaron.

En muchas ocasiones, los jóvenes no encuentran cómo llenar esta brecha entre la adolescencia y la adultez, también conocida como la adultez emergente. De manera similar, las generaciones anteriores, como los "Baby Boomers," a menudo no saben cómo ocupar el tiempo que queda una vez que finalizan su vida laboral (si es que deciden ponerle fin a la vida laboral).[148] Presumir que el trabajo será la actividad dominante en la vida de las personas es una expectativa que, como señala acertadamente Arthur C. Brooks en el libro *From Strength to Strength*, debe ser reconsiderada. Determinar cuál debería ser el equilibrio adecuado es una tarea que cada individuo debe considerar. Sin embargo, en muchas instancias, presumimos que el trabajo es lo que debe ocupar nuestra existencia. Desde mi perspectiva, el ámbito laboral desempeña un papel crucial en el bienestar de cada individuo. El trabajo,

---

[148] En el libro *From Strength to Strength*, Arthur C. Brooks presenta un ejemplo de un profesor universitario que afirma que la última vez que saldrá de su oficina, será de forma horizontal, es decir, en una camilla.

además de ser la fuente de ingresos, también nos proporciona, hasta cierto punto, una sensación de competencia y relevancia en la sociedad. Sin embargo, considerar la carrera como la única finalidad de nuestra existencia sería tan erróneo como dedicar nuestras vidas al ocio y al hedonismo indefinido.

TRIÁNGULO DEL BALANCE (MODELO 1)

Primero exploraremos cómo se vislumbra el triángulo de balance cuando aún no hemos planificado ni incorporado los nuevos hábitos en nuestro diario vivir. El primer ejemplo reside a cuando una persona decide invertir gran porcentaje de su tiempo a su profesión (Figura 2). En otras palabras, además de trabajar ocho horas diarias (o más), decide dedicar tiempo adicional en su hogar a tareas relacionadas con su empleo. El principal beneficio que se vislumbra de este enfoque es que el individuo puede generar un mayor ingreso. No obstante, en la mayoría de los casos, este modelo incurre en una paradoja, ya que el tiempo adicional dedicado a generar un mayor ingreso implica tener menos tiempo disponible para disfrutar dicho capital.

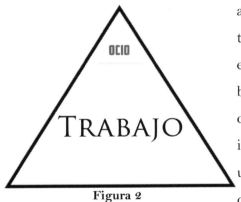

Figura 2

Un dilema que surge bajo este modelo es cuando el trabajo se interrumpe debido a una enfermedad o impedimento, o finalmente llega a su fin a través de la jubilación o el retiro. En otras palabras, una vez que cesa el empleo, la persona debe encontrar distintas actividades que ocupen el tiempo que anteriormente dedicaba a su trabajo. Debido a que la mayoría de su tiempo era dedicado al trabajo, le costará adaptarse a su nueva realidad. En muchas instancias, este desequilibrio debilita gradualmente la salud mental de la persona, ya que, de manera evidente, le resulta difícil realizar otras tareas o actividades que no exigen destrezas directamente relacionadas a su profesión.

TRIÁNGULO DEL BALANCE (MODELO 2)

El segundo modelo se refleja mayormente durante la adultez temprana, es decir, entre los 20 y 40 años de edad. Es durante este período que la persona aspira a alcanzar la autorrealización. Sin embargo, debido a los grandes cambios generados por la era de la información, se ha creado una brecha entre la adolescencia y la adultez.

Por ejemplo, entre las décadas del 1960 al 1980, luego de obtener un grado universitario, la persona promedio daba inicio a su carrera laboral. No obstante, en la actualidad, la preparación académica se ha extendido más allá de un bachillerato, en muchas ocasiones debido a la escasez de oportunidades en el ámbito laboral. Aquellos individuos que no logran obtener un empleo a tiempo completo, y no pueden continuar con estudios graduados, deben ocupar esta brecha con diversas actividades. Actividades que, en muchas ocaciones, se fundamentan en el ocio (Figura 3).

Al mismo tiempo, este estilo de vida puede generar frustración, pereza, y a la formación de *hábitos* poco saludables, como la adicción a los videojuegos.

A continuación, se presentan dos ejemplos del Triángulo del Balance que pueden darte una idea

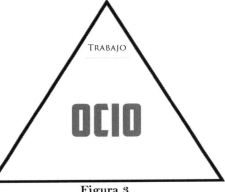

Figura 3

de cómo organizar diversas actividades en tu día a día para así desarrollar nuevos hábitos. Es importante mencionar que los modelos presentados están lejos de ser la solución universal. Sin embargo, sin lugar a dudas, pueden ser *útiles* a la hora de establecer parámetros para categorizar aquello que consideramos pertinente en nuestra vida personal y profesional. Estos modelos son aproximaciones de cómo podemos utilizar nuestro tiempo, y, de manera indirecta, cambiar nuestra calidad de vida. Luego de los dos ejemplos, se presenta una versión del Triángulo del Balance el cual puedes adaptar de acuerdo a tus intereses.

MODELO A

OCIO

PERFECCIONAMIENTO
DE UNA TAREA

EDUCACIÓN INDIVIDUAL

ARTES, MÚSICA, APTITUD FÍSICA

TRABAJO

MODELO B

Triangle diagram contents:
- OCIO
- TRABAJO
- PERFECCIONAMIENTO DE UNA TAREA
- EDUCACIÓN INDIVIDUAL
- ARTES
- ESCRITURA
- MÚSICA
- APTITUD FÍSICA

CREA TU PROPIO TRIÁNGULO DEL BALANCE

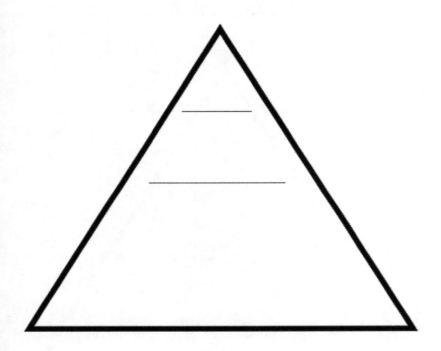

Instrucciones

Incorpora dentro del triángulo cada una de las destrezas y actividades según el tiempo que deseas brindarle. Además, puedes añadir tareas o actividades que no se encuentren en la lista.

Actividades y Destrezas

a) **aptitud física** b) **escritura** c) **artes** d) **música**
e) **educación individual** f) **perfeccionamiento de una tarea**
g) **trabajo/carrera** h) **ocio**

TU FILOSOFÍA EDUCATIVA

Como se mencionó al inicio del epílogo, el Triángulo del Balance es un modelo adaptable para organizar el tiempo según las necesidades e intereses de un individuo. Es relevante destacar que este modelo actúa como un complemento a la primera parte del libro, permitiendo al lector profundizar en los temas abordados a lo largo de la obra (para más detalles, consulta la sección de referencias). Además de esto, a continuación, se presenta un plan de estudios académico centrado en la alfabetización mediática. Este currículo está diseñado para el nivel postsecundario, con un total de 15 horas distribuidas en cuatro semanas.

El curso está diseñado para brindarle a los estudiantes las habilidades necesarias para desenvolverse de manera efectiva en el complejo panorama que abarca la cultura mediática contemporánea. Este curso va más allá de la simple adquisición de habilidades técnicas; se centra en el desarrollo de un pensamiento crítico y reflexivo sobre la información que se difunde, y que eventualmente consumimos, en el entorno digital. El curso combina clases teóricas, talleres prácticos y proyectos creativos para ofrecer una experiencia integral. Se fomenta la participación activa, el debate y la colaboración entre los estudiantes. Además, se utilizarán estudios de casos contemporáneos para analizar situaciones reales en el ámbito mediático.

PARTE II

CURRÍCULO CENTRADO EN LA ALFABETIZACIÓN MEDIÁTICA

NIVEL: POSTSECUNDARIO

FUNDAMENTOS DE LA ALFABETIZACIÓN MEDIÁTICA

1. **Introducción a la Alfabetización Mediática**
- Definición de conceptos claves.
- Historia y evolución de los medios de comunicación.

2. **Análisis Crítico de Medios**
- Identificación de sesgos y estereotipos en los medios.
- Evaluación de la representación de la diversidad en los medios.

3. **Tipos de Medios**
- Medios impresos: periódicos y revistas.
- Medios electrónicos: televisión, redes sociales y anuncios en YouTube.

4. **Lectura Crítica de Noticias**
- Identificación de noticias falsas y desinformación.
- Desarrollo de habilidades para verificar la información.

MEDIOS DIGITALES Y COMUNICACIÓN INTERACTIVA

1. Comunicación Digital
- Ética en el Internet.
- Ética en la comunicación digital (ética en el envío de "emails").

2. Redes Sociales y Cultura Digital
- Impacto de las redes sociales en la sociedad.
- Creación y gestión de perfiles digitales responsables.

3. Creación de Contenido Multimedia
- Edición básica de imágenes y videos.
- Principios de diseño gráfico y visual (iMovie, Final Cut, Photoshop).

4. Proyecto Práctico: Creación de un Blog
- Desarrollo y mantenimiento de un blog personal (Blogger.com/Wix.com).
- Publicación de contenido crítico y reflexivo sobre temas mediáticos (Creación de ensayos y publicación de blogs).

ÉTICA Y CIUDADANÍA DIGITAL

Módulo 1: Ética en los Medios de Comunicación
1.1 Responsabilidad de los Medios en la Sociedad

* Análisis de la influencia y responsabilidad de los medios en la formación de la opinión pública. (¿Cómo Twitter influye en la opinión pública?)
* Casos de ética periodística y publicitaria en Puerto Rico.

1.2 Casos Éticos en el Periodismo y la Publicidad

* Estudio de casos emblemáticos que plantean dilemas éticos en la práctica periodística y publicitaria.
* Reflexión sobre la toma de decisiones éticas en situaciones mediáticas (Elecciones Presidenciales).

Módulo 2: Ciudadanía Digital
2.1 Participación Activa y Responsable en Línea

* Fomento de la participación cívica y social a través de plataformas digitales.
* Desarrollo de habilidades para discernir entre información valiosa y engañosa en línea.

2.2 Activismo Digital y Cambio Social

* Exploración de movimientos y campañas digitales que han tenido impacto social.
* Diseño y ejecución de proyectos de activismo digital.

Módulo 3: Privacidad y Seguridad Digital

3.1 Protección de Datos Personales

* Concientización sobre la importancia de la privacidad en línea.
* Estrategias para proteger la información personal en entornos digitales.

3.2 Prevención de Ciberacoso y Ciberseguridad

* Identificación y prevención del ciberacoso.
* Principios básicos de ciberseguridad y protección contra amenazas en línea.

Módulo 4: Proyecto Final - Campaña de Concienciación

4.1 Diseño y Ejecución de una Campaña

* Desarrollo de una campaña integral para promover la alfabetización mediática.
* Implementación de estrategias en línea y fuera de línea.

4.2 Evaluación del Impacto de la Campaña

* Análisis de métricas y resultados de la campaña.
* Reflexión sobre lecciones aprendidas y posibles mejoras.

DESARROLLO AVANZADO EN ALFABETIZACIÓN MEDIÁTICA

Módulo 1: Periodismo Ciudadano y Medios Alternativos

1.1 Conceptos y prácticas del periodismo ciudadano

- Colaboración con comunidades locales para la creación de contenido informativo.
- Exploración de medios alternativos y su papel en la diversidad de voces.

1.2 Podcasting y Producción de Contenido Sonoro

- Creación de podcasts informativos y educativos.
- Narrativa sonora y edición de audio.

Módulo 2: Alfabetización Mediática Global

2.1 Comparación de Contextos Mediáticos Globales

- Ensayo sobre la educación de la alfabetización mediática en diferentes partes del mundo.
- Análisis de desafíos y soluciones a nivel global.

Módulo 3: Proyecto de Investigación en Alfabetización Mediática

3.1 Diseño y Desarrollo del Proyecto de Investigación

- Identificación de un tema específico de interés en el ámbito de la alfabetización mediática y su relación a la sociedad.

- Revisión de literatura y formulación de preguntas de investigación.

3.2 Implementación y Presentación de Resultados
- Recopilación y análisis de datos.
- Creación de un informe de investigación y presentación de hallazgos.

Módulo 4: Síntesis y Reflexión
4.1 Reflexión sobre la Experiencia en Alfabetización Mediática
- Análisis personal de crecimiento y desarrollo en alfabetización mediática.
- Evaluación de habilidades adquiridas y áreas de mejora.

4.2 Síntesis Final
- Integración de conocimientos a lo largo del programa.
- Preparación para la aplicación práctica en la vida cotidiana y futuros estudios.

Este plan de estudios tiene como objetivo proporcionar a los estudiantes una comprensión avanzada y aplicada de la alfabetización mediática, abordando temas éticos, participación ciudadana, seguridad digital y promoviendo la conciencia global en la era de los medios de comunicación.

- Protección de datos personales.
- Prevención de ciberacoso y ciberseguridad.

4. Proyecto Final: Campaña de Concienciación

• Diseño y ejecución de una campaña para promover la alfabetización mediática en la comunidad educativa.

• Evaluación del impacto de la campaña.

Evaluación Formativa

• Discusión activa en clase.

• Proyectos individuales y grupales.

• Presentaciones orales.

• Debates entre estudiantes.

Mapa del Diseño Curricular Alfabetización Mediática

15 Horas

Semana # 1	Semana # 2	Semana # 3	Semana # 4
Horas: 4	Horas: 4	Horas: 4	Horas: 3
Fundamentos de la Alfabetización Mediática	Medios Digitales y Comunicación Interactiva	Ética y Ciudadanía Digital	Desarrollo Avanzado en Alfabetización Mediática

Título del curso: Alfabetización Mediática

Descripción del curso	El Curso Universitario de Alfabetización Mediática ha sido diseñado con el propósito de equipar a los estudiantes con las habilidades necesarias para desenvolverse eficazmente en el complejo panorama mediático contemporáneo. Este programa va más allá de la mera adquisición de habilidades técnicas; se enfoca en fomentar un pensamiento crítico y reflexivo sobre la información que se consume y produce en el entorno digital.
Pregunta esencial del curso	El curso integra clases teóricas, talleres prácticos y proyectos creativos para proporcionar una experiencia integral. Se promueve la participación activa, el debate y la colaboración entre los estudiantes. Además, se emplearán estudios de casos contemporáneos para analizar situaciones reales dentro del ámbito mediático.

Nombre de la
Institución Académica

PRONTUARIO

I. INFORMACIÓN GENERAL

Título del Curso   : Fundamentos de la Alfabetización
                       Mediática
Código y Número   :
Créditos   :
Término Académico   :
Profesor/a   :
Horas de Oficina   :
Teléfonos   :
Correo Electrónico   :

II. DESCRIPCIÓN

En la era actual, la capacidad de comprender, analizar y
participar de manera crítica en el entorno mediático es
esencial. El Curso Universitario de Alfabetización
Mediática está diseñado para dotar a los estudiantes de
las habilidades necesarias para desenvolverse de
manera efectiva en el complejo panorama mediático
contemporáneo. Este curso va más allá de la simple
adquisición de habilidades técnicas; se centra en el
desarrollo de un pensamiento crítico y reflexivo sobre
la información que se consume y produce en el entorno
digital.

III. OBJETIVOS

1. Desarrollar Competencia Técnica:
* Adquirir habilidades prácticas para navegar eficientemente en plataformas digitales.
* Familiarizarse con herramientas de creación y edición de contenido multimedia.
2. Promover el Pensamiento Crítico:
* Analizar de manera crítica la información y los mensajes mediáticos.
* Evaluar la credibilidad y la fiabilidad de las fuentes en línea.
3. Fomentar la Responsabilidad Digital:
* Comprender los aspectos éticos de la comunicación en línea.
* Desarrollar habilidades para participar de manera constructiva en comunidades virtuales.
4. Explorar la Diversidad Mediática
* Estudiar la variedad de formatos y géneros. mediáticos presentes en el entorno digital.
* Examinar la representación de la diversidad en los medios de comunicación.
5. Impulsar la Creatividad y la Producción de Contenido
* Fomentar la capacidad de los estudiantes para crear contenido significativo y relevante.
* Explorar la narrativa digital y las nuevas formas de expresión mediática.

CONTENIDO

A. Fundamentos de la Alfabetización Mediática

B. Medios Digitales y Comunicación Interactiva

C. Ética y Ciudadanía Digital

D. Desarrollo Avanzado en Alfabetización

Mediática

V. ACTIVIDADES

A. Reuniones de discusión
B. Lecturas sobre la historia de la alfabetización
mediática
C. Presentaciones orales

VI. CRITERIOS DE EVALUACIÓN

A. La evaluación se realizará mediante proyectos
individuales y grupales, participación en clase,
presentaciones y exámenes. Se dará especial
importancia a la aplicación práctica de las
habilidades adquiridas durante el curso. Este
Curso de Alfabetización Mediática
proporcionará a los estudiantes las
herramientas necesarias para enfrentar los
desafíos y aprovechar las oportunidades que el
mundo digital presenta, preparándolos para ser
ciudadanos informados y participativos en la
sociedad actual.

VII. NOTAS ESPECIALES

A. Servicios auxiliares o necesidades especiales
Todo estudiante que requiera servicios auxiliares o asistencia especial deberá solicitar los mismos al inicio del curso o tan pronto como adquiera conocimiento de que los necesita, a través del registro correspondiente, en el Decanato de Estudios o Centro de Orientación.

B. Honradez, fraude y plagio
La falta de honradez, el fraude, el plagio y cualquier otro comportamiento inadecuado con relación a la labor académica constituyen infracciones mayores sancionadas por el Reglamento General de Estudiantes. Las infracciones mayores, según dispone el Reglamento General de Estudiantes, pueden tener como consecuencia la suspensión de la institución académica por un tiempo definido mayor de un año o la expulsión permanente de la institución, entre otras sanciones.

VIII. RECURSOS EDUCATIVOS

Textos

- Valentín C. (2023). *La educación bajo el espíritu capitalista.* BigBird Books.
- Valentín C. (2022). *Contagious choices: Why humans decide with their noisy emotions.* BigBird Books.
- Valentín, C. (2021). *The shortcut generation and the city of anxiety: Short but meaningful essays for a fast-paced society.* BigBird Books.
- Valentín, C. (2020). *Fakeinfo: La ilusión del conocimiento en el siglo XXI: ¿Por qué compartimos información falsa en la Internet?* BigBird Books.
- Valentín, C., Oneill, P. (2019). *La muerte de la educación memento mori: Conversaciones sobre la vida, educación y muerte.* BigBird Books.
- Valentín, C. (2019). *InfoZombie:El exceso de información y su influencia en la concentración.* BigBird Books.
- Valentín, C. (2018). *La educación obsoleta: Revoluciones de papel ideologías educativas que solo han revolucionado el intelecto.* BigBird Books.
- Valentín, C. (2017). *El pensamiento de un homo sapiens: Creer o Conocer.* BigBird Books.
- Valentín, C. (2018). *En busca de sentido ante el huracán María: Cómo nuestros pensamientos y actitudes afectan nuestro ambiente.* BigBird Books.

Esta página se ha dejado en blanco intencionadamente

Esta página se ha dejado en blanco intencionadamente

AGRADECIMIENTOS

Quiero expresar mi agradecimiento a todas las personas y mascotas que de alguna manera contribuyeron a este proyecto. En primer lugar, debo agradecer a mis padres, Porfirio Valentín Hubbard y Lilliam Báez García, por inculcarme el amor por la lectura desde temprana edad. A mi hermano William Valentín Báez, por compartir conmigo su conocimiento sobre historia, y a nuestra querida mascota Chomsky. Las publicaciones en *BigBirdBooks* están dirigidas al público laico, por lo que han sido redactadas con transparencia, permitiendo al lector verificar la exactitud de las afirmaciones del autor. Los elementos académicos, como las normas de citación de la Asociación Americana de Psicología (APA), se mantienen en el texto no solo para fomentar la integridad académica, sino también para promover entre el público en general las normas adecuadas de atribución académica. Además, uno mis objetivos como autor es motivar a otros a que inicien a refinar sus pensamientos o ideas a través de la escritura (ya sea ficción o no-ficción).

Cabe señalar que dejar palabras impresas, por supuesto, es una forma de negar la mortalidad. Según Ernest Becker en su libro *The Denial of Death* (*La Negación de la Muerte*), la gente tiene hijos, construye monumentos, planta árboles y escribe libros, en cierto modo, para mitigar el miedo a la muerte. Sin embargo, como ilustra Richard Dawkins en su obra maestra *The Selfish Gene* (*El Gen Egoísta*), tener hijos no es el método más eficaz para dejar un legado:

> Cuando morimos hay dos cosas que podemos dejar atrás: los genes y los memes. Fuimos construidos como máquinas genéticas, creadas para transmitir nuestros genes. Pero ese aspecto de nosotros se olvidará en tres generaciones. Tu hijo, incluso tu nieto, puede tener un parecido contigo, quizá en los rasgos faciales, en un talento para la música, en el color de su pelo. Pero a medida que pasa cada generación, la contribución de tus genes se reduce a la mitad... No debemos buscar la inmortalidad en la reproducción.[149]

La entropía acabará venciendo, así que este libro es una forma de fluir con el ritmo de la Naturaleza y de disfrutar de la vida a través de la escritura y la lectura voraz. Debo agradecer a Tiffany Flores: este libro no estaría terminado correctamente sin sus comentarios y

---

[149] (Dawkins, 2006, p. 199)

sugerencias. Quisiera expresar mi gratitud a todos mis amigos que leyeron y dieron sugerencias honestas durante el proceso de escritura de este pequeño libro, así como a aquellos que me han apoyado a lo largo de los años en mis proyectos literarios: Alberto Irizarry, Alexandra Ortega, Ángel Vélez, Celedonio Lozada (hijo y padre), Cinthia López, Cristina Rodríguez, Dr. Ángel Nazario, Dr. José Montañez (Gaby), Dr. José Nieves, Dr. Gabriel Magraner, Dr. Diego Vázquez, Geraldo Vega, Guillermo Santiago, Ingeniero Eddie Velázquez, Isabel Vélez, José Vives, Kiara Pérez, Michelle Cardona, Patrick Oneill, Sheila Vargas, Tiffany Flores, Tyler Torres. Y gracias a usted, lector(a), por elegir este libro en particular entre todas las posibilidades que existen.

Significa mucho.

SOBRE EL AUTOR

Christian Valentín Báez, Ed.D., tiene un bachillerato en Administración de Empresas de la Pontificia Universidad Católica de Puerto Rico, recinto de Mayagüez, un certificado en Ingeniería de Sonido del Colegio de Cinematografía, Artes y Televisión, recinto de Bayamón, una maestría en Educación Musical, de la Universidad Interamericana de Puerto Rico, recinto de San Germán. En 2022 obtuvo un doctorado en Currículo y Enseñanza del Programa Doctoral en Educación de dicho Recinto. Su enfoque principal de investigación se basa en la integridad académica, el diseño curricular, la influencia de la tecnología y su relación en la concentración en los estudiantes universitarios. Además, promueve la relevancia del desarrollo de hábitos de lectura y escritura para un mejor bienestar de vida. Es autor de varios libros, entre ellos, *La Muerte de la Educación* (Con Patrick Oneill), *InfoZombie* y *FakeInfo*. Christian Valentín reside en Mayagüez, Puerto Rico.

Cuando fracasamos en comprender la distinción entre información válida y confiable, sobre la mera especulación, nos convertimos en consumidores de *"Fake Info,"* es decir, de información que carece de evidencia y/o fundamento. Sin embargo, para distinguir entre información y desinformación, debemos nutrirnos con saberes que nos facilitan inferir, analizar y discernir. La sobrecarga informativa, el afán de obtener más información de la que realmente podemos consumir, nos ha llevado al síndrome de "fatiga por exceso de información". Inclusive, en muchas ocasiones, asumimos que simplemente con tener acceso a la información, seremos "más inteligentes," o a estar mejor "informados".

DEPREDADORES DE INFORMACIÓN

Este libro comenzó a formarse a partir de un diálogo. Es común que muchas ideas comiencen a desarrollarse a base de una conferencia, la lectura de un libro—o debido a la experiencia de un evento. Pero este escrito no partió de una voz individual, sino a través de varios diálogos con educadores, estudiantes universitarios y colegas. Durante el mes de noviembre de 2019, fui invitado por el lingüista y profesor universitario, Micah Corum, Ph.D., para ser parte de un taller,[150] dirigido a los estudiantes universitarios, sobre estrategias para prevenir editoriales que evidenciaban ser posibles estafas (*scams*). A través del Internet existen cientos de estos portales[151] que se dirigen a propagar información poco confiable, además de, por medio de tarifas de publicación, lucrarse de todo aquel con interés en publicar su primer "artículo de investigación". Este fue el punto de partida para

---

[150] Titulado; *The Many-Headed Hydra of Deceit in Academia: On Strategies to Avoid Predatory Publishers and Events.*

[151] Listado de editoriales poco fiables: Stop Predatory Journals. (2019). List of predatory journals. Recuperado de https://predatoryjournals.com/journals/

considerar, que, aunque contamos con el beneficio de vivir en la era del conocimiento,[152] en donde tenemos acceso a mucha información, también somos propensos—en términos de Alvin Toffler—a la "infoxicación". Es decir, la sobrecarga informativa; el afán de obtener más información para procesar de la que realmente podemos consumir, nos ha llevado al punto de dudar *qué* realmente es información confiable o legítima. Esto es a lo que nos referimos con el título de este libro, *"FakeInfo,"* cuando somos expuestos a la *desinformación*. Sin embargo, el dilema de mayor pertinencia en este escrito no es cuando se duda de la confiabilidad de la información, sino cuando se comparte sin corroborar o cuestionar su validez. Aunque, en términos filosóficos, no tenemos acceso a la "realidad objetiva" (argumento que se discutirá en el epílogo), esto no implica que somos incapaces de adquirir destrezas y habilidades que nos permitan corroborar la información a la que somos expuestos a diario. En muchas instancias, deducimos que el contar con acceso a la información implica que seremos "más inteligentes," o estaremos "mejor informados". Sin embargo, la literatura que se discute en este libro apunta a que este *no siempre* es el caso.

Incluso, por largo tiempo, se ha difundido la idea errada que la información es sinónimo a conocimiento, inclusive, debemos señalar que *el conocimiento no necesariamente conduce a la sabiduría*. Según la Real Academia Española, cuando nos referimos al vocablo *información* (del latín: *informatio*) este denota una "explicación de una palabra".[153] La explicación de un término, en ausencia de un contexto determinado, lleva a *información inerte*. Por ende, si sólo consumimos información

---

[152] El siglo XX se conocía como la era de la información; el siglo XXI se denomina como la era del conocimiento.

[153] (Real Academia Española, 2001).

157

inerte navegaremos en un mundo informático sin un rumbo determinado.

La historia nos instruye sobre las consecuencias de razonamientos ideológicos—los cuales han llevado a atrocidades como genocidios. Este libro propone alertarnos sobre por qué debemos ser críticos a la hora de consumir y propagar información. Además, se pretende instar la pertinencia de la educación, no sólo como organismo que provee el acervo de conocimientos para prepararnos para la vida laboral, sino para formar personas íntegras, capaces de pensar *independientemente*. Si no instamos por enseñar a *cómo* pensar *críticamente*, eventualmente, contaremos con una multitud incapaz de examinar cómo piensan aquellos "líderes" que pretenden gobernar un país.[154]

Lo último que una sociedad necesita es lo que temía Sócrates: "los jóvenes piensan que saben la verdad incluso antes de comenzar la ardua práctica de buscarla".[155] Este libro es un intento de fomentar el *proceso* de indagación como uno fundamental para dirigir una sociedad a un mejor bienestar. Antes de comenzar a discutir los asuntos de este escrito, aclaremos a qué nos referimos con el vocablo—sobrecarga informativa.

¿MÁS INFORMACIÓN MENOS CONOCIMIENTO?

Según el neurólogo y neurocientífico Facundo Manes, "no existe evidencia científica de que las nuevas tecnologías estén atrofiando nuestra corteza cerebral".[156] Ahora, se conoce con

---

[154] (Wolf, 2018, p. 199).

[155] (Ibid., 2018, p. 75).

[156] (Manes y Niro, 2015, p. 108).

cabalidad que cuando un evento *no* causa otro acontecimiento, esto no implica ausencia de correlación entre dos o más variables.[157] En otras palabras, tener acceso al Internet, y/o utilizar dispositivos digitales de manera constante, no, necesariamente, conlleva atrofiar el cerebro. Pero, las consecuencias de verificar el teléfono móvil, de 150 a 190 veces al día (el promedio de los jóvenes entre los veinte años de edad)[158] sostiene repercusiones que sí se vinculan con deterioros cognitivos; como la falta de concentración. Esto es lo que el filósofo especializado en tecnología, Albert Borgmann, considera como la *cultura hiperactiva*.[159] Es decir, contamos con tanta información, que cada vez nos parece que tenemos menos tiempo para consumir la información disponible.

Cuando Mario Vargas Llosa publicó el artículo, titulado, *Más Información, Menos Conocimiento*, abogaba por las consecuencias de depender inmensamente en la Internet. Como bien expresó el escritor peruano: "cuanto más inteligente sea nuestro ordenador, más tontos seremos".[160] Sin embargo, debemos ser meticulosos con este miedo apocalíptico sobre la tecnología. Desde los tiempos de Platón, se temía que tener acceso a la información iba a ser nocivo para la mente. En el clásico *Fedro*, por Platón, el Rey Tamo debate las repercusiones sobre la invención de la escritura con Theuth.

---

[157] El hecho de que un fenómeno atmosférico (huracán) no "cause" fatalidades en un país, no implica que el fenómeno natural *no* implique, o este correlacionado, a riesgo de muerte. Sino, que gracias a que podemos predecir un fenómeno atmosférico podemos reducir la probabilidad de riesgo de muerte por medio de la planificación.

[158] (Wolf, 2018, p. 71).

[159] (Levy, 2001, p. 196).

[160] (Vargas Llosa citado en Manes y Niro, 2015, p. 106).

Theuth está convencido que esta tecnología ayudará a aliviar la mente, así permitiendo realizar otras tareas de mayor exigencia. Pero el Rey difiere, argumentado que la escritura "solo producirá el olvido, pues les hará descuidar la memoria".[161] Incluso, mencionaba el Rey, cuando no existan educadores, la personas se creerán sabias sólo por tener acceso a información, sin embargo, serán "en su mayoría... unos ignorantes presuntuosos".[162]

Por tanto, el objetivo principal de este escrito no es alegar que el Internet nos llevará al colapso social, ya vemos que cuando surgió la imprenta se deducía argumento similar. Se pretende abogar por las consecuencias de cuando fracasamos en ser críticos ante la información que difunde la cultura mediática.

EL BIBLIÓMANO DIGITAL

El debate entre el Rey Tamo y Theuth hace resonancia a nuestra realidad en el siglo XXI. El mero hecho de tener acceso a bases de datos, videos, blogs y tabletas llenas de libros electrónicos—nos hace pensar que nos conducirán a la sabiduría.

Se considera un "bibliómano" a la persona que se siente orgullosa de poseer muchos libros para dar la impresión que es un intelectual.[163] El bibliómano no necesariamente lee los libros que posee. Cuando los adquiere, se ocupa de escoger la cubierta de colores y diseños más llamativos para así decorar su biblioteca. Por el otro lado, se considera un "bibliófilo" al que posee muchos libros de primeras ediciones, pero no las

---

[161] (Platón citado en Manes y Niro, 2015, p. 108).

[162] (Ibid., 2015, p. 108).

[163] (Vázquez, 1981, p. 75).

posee únicamente por coleccionarlas, sino para *nutrir su intelecto*. La era del conocimiento no nos libera de ser "bibliómanos digitales". Es decir, tenemos acceso a cientos de libros electrónicos, pero sería oportuno curiosear—¿cuántos de estos libros electrónicos esperan ser leídos mientras utilizamos el tiempo para "leer" noticias en las redes sociales?[164] Tampoco seremos un "bibliófilos digitales" si no contamos con las estrategias que nos permiten criticar y analizar la información que consumimos en la Internet. Antes de concluir esta breve introducción, quisiera informar al lector con respecto a la estructura de este libro.

El libro está estructurado en cinco capítulos. El capítulo 1 está dedicado a auscultar por qué se propagan aseveraciones sin corroborar, inclusive, cuando entendemos que carecen de evidencia. Gradualmente, profundizaremos sobre posibles variables relacionadas con esta conducta (capítulos 2 y 3). Finalmente, se abogará por la pertinencia del pensamiento crítico en otras áreas como la política, en la toma de decisiones y en el desarrollo personal y profesional.

Llegados a este punto, sólo resta invitar al lector a que me acompañe en esta travesía para descubrir la paradoja del conocimiento, o lo que Erich Fromn denominó el dilema humano. La capacidad humana para razonar es, al mismo tiempo, una suerte y una desgracia.[165] Inclusive, estas dicotomías en muchas instancias, pueden distorsionar la realidad de un individuo.

---

[164] El concepto "leer" debe utilizarse con cautela en la era del conocimiento, debido a que el significado de leer se ha relacionado con "encontrar información", o lo que Wolf (2018) considera como el estilo "zigzag" o "word-spot", es decir, cuando solamente buscamos palabras claves, pero no necesariamente profundizando en el texto.

[165] (Feist, 2007)

Espero que este texto le sirva al lector para remover los lentes sociales que, en muchas ocasiones, distorsionan la "realidad".[166]

[166] Todas las referencias de este extracto se encuentra en el tomo original.

162

Siga al autor en su página **researchgate.net** y **Linkedin** donde publica regularmente artículos sobre currículo y enseñanza, psicología, y filosofía.

Sobre el tipo de letra

Este libro se realizó en un tipo de letra llamada Bell. El inglés John Bell (1754-1831) fue el responsable del corte original de este diseño. Bell tuvo muchas vocaciones: librero, impresor, editor, tipógrafo y periodista, entre otras. Sus tipos de letras estaban inspiradas por la delicadeza y belleza de los grabadores franceses de cobre.

Esta página se ha dejado en blanco intencionadamente

Esta página se ha dejado en blanco intencionadamente

REFERENCIAS

Adler, M. (1982). *The paideia proposal.* Simon & Schuster.

Alter, A. (2017). *Irresistible: The rise of addictive technology and the business of keeping us hooked.* Penguin Press.

Bastian, B. (2019). *The other side of happiness: Embracing a more fearless approach to living.* Penguin Books.

Bastian, Brock y Kuppens, Peter y Hornsey, Matthew y Park, Joonha y Koval, Peter y Uchida, Yukiko. (2011). Feeling Bad About Being Sad: The role of social expectancies in amplifying negative mood. *Emotion* (Washington, D.C.). 12. 69-80. 10.1037/a0024755

Bonilla-Romeu, M. (2004). *Educación virtual: Nuevo paradigma en el proceso de enseñar y aprender.* Publicaciones Puertorriqueñas.

Bivens, J. (2011). *Failure by design: The story behind America's broken economy.* ILR Press.

Boorstein, M., y Shi, A. (2021). *Top U.S. Catholic Church official resigns after cellphone data used to track him on Grindr and to gay bars.* https://www.washingtonpost.com/religion/2021/07/20/bishop-misconduct-resign-burrill/

Brooks, C. (2022). *From strength to strength: Finding success, happiness, and deep purpose in the second half of life.* Portfolio.

Cabanas, E., y Illouz, E. (2021). *Happycracia: Cómo la ciencia y la industria de la felicidad controlan nuestras vidas.* Paidós.

Carr, N. (2010). *The shallows: What the Internet is doing to our brains.* W.W. Norton & Company.

Centeno, M. (2024). *How many smartphones are in the world?.* https://www.bankmycell.com/blog/how-many-phones-are-in-the-world#:~:text=How Many People Have Smartphones In The World?&text=In 2024, the current number,smartphones in the world currently.

Center for Disease Control and Prevention. (2023). *Heart disease facts.* https://www.cdc.gov/heartdisease/facts.htm

Chall, J. (1983). *Stages of reading development.* McGraw-Hill Book Company.

Chapman, G., y Pellicane, A. (2014). *El reto de criar a tus hijos en un mundo tecnológico.* Editorial Portavoz.

Clear, J. (2018). *Atomic habits: An easy & proven way to build good habits & break bad ones.* Avery.

Dean, D. (2004). *The God gene: How faith is hardwired into our genes.* Penguin.

Dong, G., y Potenza, M. N. (2015). Behavioural and brain responses related to Internet search and memory. *The European journal of neuroscience,* 42(8), 2546–2554. https://doi.org/10.1111/ejn.13039

Easter, M. (2023). *Scarcity brain: Fix your craving mindset and rewire your habits to thrive with enough.* Rodale Books.

Feller, B. (2020). *Life is in the transitions: Mastering change at any age.* Penguin Press.

Gardner, H. (1999). *The discipline mind: What all students should understand.* Simon & Schuster.

Gilbert, D. (2006). *Stumbling on happiness.* Vintage.

Goriounova, N y Mansvelder, H. Genes. (2019). Cells and brain areas of intelligence. *Frontiers in human neuroscience, 12*(1)13-44. doi: 10.3389/fnhum.2019.00044

Haidt, J. (2006). *The happiness hypothesis: Finding modern truth in ancient wisdom.* Basic Books.

Handy. C. (1994). *The age of paradox.* Harvard Business School Press.

Handy. C. (2015). *The second curve: Thoughts on reinventing society.* Random House.

Hayes, A. (2024). *YouTube stats: Everything you need to know in 2024.* https://www.wyzowl.com/youtube-stats/ #:~:text=How many videos are uploaded to YouTube every day?,average length of 4.4 minutes

Hayes, J. (2010). A new essential curriculum for a new time. In Hayes. J, *Curriculum 21: Essential education for a changing world.* (pp. 1-6). ASCD.

Husmann, P. R., y O'Loughlin, V. D. (2019). Another nail in the coffin for learning styles? Disparities among undergraduate anatomy students' study strategies, class performance, and reported VARK learning styles. *Anatomical sciences education*, 12(1), 6–19. https://doi.org/10.1002/ase.1777

Illich, I. (1970). *Deschooling society.* Marion Boyars.

InterSG1912. (2022). *Conversatorio sobre la transformación de la educación por la pandemia: Retos y oportunidades* [Video]. YouTube. https://www.youtube.com/live/oo6b0j_t30Y?si=BI59EjDFrXos6-JH

Ivette, A. (2020). *Necesidades creadas.* https://economipedia.com/definiciones/necesidades-creadas.html

Kerrey, B. (2017). Foreword: Higher education in the Twenty-First Century. In Kosslyn, S y Nelson, B (Eds.), *Building the intentional university* (pp. xi-xxiv).

Khazan, O. (2018). *The myth of 'learning styles'.* https://www.theatlantic.com/science/archive/2018/04/the-myth-of-learning-styles/557687/

Kosslyn, S., y Nelson, B. (Eds.). (2017). *Building the intentional university. Foreword: Higher education in the twenty-first century.* Xi-xxiv. The MIT Press.

Knoll, A., Otani, H., Skeel, R y Van Horn, K. (2017). Learning style, judgements of learning, and learning of verbal and visual information. *British journal of psychology*, 108(3), 544–563. https://doi.org/10.1111/bjop.12214

Lam, M., Trampush, J. W., Yu, J., Knowles, E., Davies, G., Liewald, D. C., Starr, J. M., Djurovic, S., Melle, I., Sundet, K., Christoforou, A., Reinvang, I., DeRosse, P., Lundervold, A. J., Steen, V. M., Espeseth, T., Räikkönen, K., Widen, E., Palotie, A., Eriksson, J. G., ... Lencz, T. (2017). Large-scale cognitive GWAS meta-analysis reveals tissue-specific neural expression and potential nootropic drug targets. *Cell reports*, 21(9), 2597–2613. https://doi.org/10.1016/j.celrep.2017.11.028

LeDoux, J. (2015). *Anxious: Using the brain to understand and treat fear and anxiety*. Viking.

Lukianoff, G., y Haidt, J. (2019). *The coddling of the American mind: How good intentions and bad ideas are setting ip a generation for failure*. Penguin Press.

Lukianoff, G., y Schlott, R. (2023). *The canceling of the American mind*. Simon & Schuster.

Lyubomirsky, S. (2008). *The how of happiness: A new approach to getting the life you want*. Penguin Books.

Manson, M. (2016). *The subtle art of not giving a f*ck: A counterintuitive approach to living a good life*. Harper.

Manson, M. (2019). *Everything is f*cked: A book about hope*. Harper.

Muñoz, P. (2023). *Apaga el celular y enciende tu cerebro*. Harper Enfoque.

Muñoz, S. (2020). *¿Es ser feliz un derecho?* https://elpais.com/ideas/2020-06-06/es-ser-feliz-un-derecho.html

Murtadha-Watts, K. (2001). Multicultural curriculum and academic performance: African American women leaders negotiating urban school accountability policies. In Sutton, M., y Levinson, B., *Policy as practice: Toward a comparative sociocultural analysis of educational policy*. (pp. 103-121). Ablex Publishing.

Newport, C. (2024). *Slow productivity: The lost art of accomplishment without burnout*. Portfolio.

Newport, C. (2012). *So good they can't ignore you: Why skills trump passion in the quest for work you love*. Grand Central Publishing.

Postman, N. (1993). *Technopoly: The surrender of culture to technology*. Vintage.

Riener, Cedar y Willingham, Daniel. (2010). The myth of learning styles. Change: *The Magazine of Higher Learning*. 42. 32-35. 10.1080/00091383.2010.503139

Rojstaczer, S., y Healy, C. (2012). Where A is ordinary: The evolution of American college and university grading, 1940-2009. *Teachers College Record*, 114(I), 1-44.

Sagan. C. (1996). *The demon-haunted world: Science as a candle in the dark*. Ballantine Books.

Schiller, J. (2023). *Average human attention span by age: 31 statistics*. https://www.thetreetop.com/statistics/average-human-attention-span.

Sperling, A. (1957). *Made simple self teaching encyclopedia psychology*. Cadillac Publishing Co., Inc.

Taba, H. (1962). *Curriculum development: Theory and practice*. Harcourt, Brace & World, Inc.

Tagari. (2022). *The answer might surprise you: Over 400,000 books are published every day*. https://www.tagari.com/how-many-books-published-each-day/

Taylor, A. (2014). *The people's platform: Taking back power and culture in the digital age*. Metropolitan Books.

Toffler, A. (1970). *The future shock*. Random House.

Unamuno (2016). *El sentimiento trágico de la vida*. CreateSpace.

Valentín C. (2022). *Contagious choices: Why humans decide with their noisy emotions*. BigBird Books.

Veritasium. (2021, July 9). The *biggest myth in education* [Video]. YouTube. http://www.youtube.com/channel

Villarini, A. (1996). *El currículo orientado al desarrollo humano integral*. Biblioteca del Pensamiento Crítico.

Whippman, R. (2016). *America the anxious: Why our search for happiness is driving us crazy and how to find it for real.* St. Martin's Griffin.

Wolfe, P. (2001). *Brain matters: Translating research into classroom practice.* Association for Supervision and Curriculum Development.

Wolley, S., Chabris, C., Ichikawa, L., Torralba, A., y Oliva, A. (2011). Visual Scene Perception. In *Annual Review of Psychology, 63,* 141-162. https://doi.org/10.1146/annurev-psych-120709-145328

BIGBIRD
BOOKS

Esta página se ha dejado en blanco intencionadamente

Otros libros en *BigBird Books*

La Muerte de la Educación
Patrick Oneill y
Christian Valentín

Liderazgo
Albert Troche

El Esposo de la Mujer del Cura
Ángelo Nazario

NOTAS

ESCRIBE 5 CONCEPTOS QUE HAYAS ADQUIRIDO Y DISCÚTELOS CON OTRA PERSONA:

1._____

_____

2._____

_____

3._____

_____

4._____

_____

5._____

_____

*De acuerdo con la curva del olvido, si no revisamos la información que leemos, aproximadamente el 70% del contenido se olvida en menos de tres semanas. Escribir y discutir estas cinco ideas te permitirán reducir la probabilidad de olvidar los conceptos clave que has encontrado en este libro.

ÍNDICE

América 37, 67

Ansiedad 11, 38

Bienestar 38, 42, 51, 53, 74, 77, 79, 80, 82, 120, 123

Currículo académico 1, 5, 12, 65, 74, 82, 90-91, 113-114, 129

Departamento de Educación 92

Educación obsoleta, informal, 3, 5

Estados Unidos 21, 37, 45-46, 50, 55, 57, 79, 90, 102

Exámenes 108, 146

Filosofía educativa 1-2, 4-6, 73, 117, 119-120, 129

Generación 58-59, 109, 121-122, 152

Guerra 13, 121

Homo sapiens 19, 25

Inteligencia 15, 57-58, 88

Memoria 5, 68-70, 73, 110, 160

Psicología evolutiva 19, 21, 26

Psicología positiva 33, 36-39, 41-43

Sistema educativo 1, 3, 12, 27, 32, 65, 82, 90-91, 93, 96, 114

Universidad 33, 45, 56-58, 67, 88, 92-93

ÍNDICE DE AUTORES

Alter, A. 101, 167

Bivens, J. 89-90, 167

Cabanas, E. 38-39, 42, 168

Dong, G. 111, 168

Dean, G. 29, 168

Dweck, C. 121

Gardner, H. 74, 77, 169

Handy, C. 87-88, 121, 169

Illich, I. 95-96, 98, 99, 102, 170

Ivette, A. 24, 170

Kerrey, B. 48, 170

Khazan, O. 108, 170

Kosslyn, S. 114, 170

LeDoux, J. 49, 171

Lukianoff, G. 11, 55, 56-59, 73, 171

Lyubomirsky, S. 11, 55, 56-59, 73, 171

Postman, N. 11-13, 15-16, 18, 64, 67, 105-106, 172

Sagan, C. 79, 173

Schiller, J 103, 173

Sperling, A 68-69, 173

Taba, H. 90, 173

Toffler, A. 4, 10, 65, 91, 157, 173

Villarini, A. 1, 90, 173

La Cultura del Caos Mediático de Christian Valentín Báez se comenzó a imprimir durante el mes de julio de 2024.